L'HERITIER RIDICVLE,

OV

LA DAME INTERESSEE,

COMEDIE.

Par Monsieur SCARRON.

A ROVEN, *Et se vend*

A PARIS,

Chez GVILLAVME DE LVYNE,
Libraire Iuré, au Palais, en la Gallerie
des Merciers, à la Iustice.

M. DC. LXIV.

ACTEVRS.

DOM DIEGVE de Mendoce.

FILIPIN, ou DOM PEDRO de Buffalos, Laquais de Dom Diegue.

ROQVESPINE Escuyer de Dom Diegue.

CARMAGNOLLE Valet de Dom Pedro de Buffalos.

DOM IVAN BRACAMONT.

LEONOR DE GVSMAN.

HELENE DE TORREZ.

BEATRIS, Seruante de Leonor.

PAQVETTE Seruante d'Helene.

MVSICIENS.

La Scene est à Madrid.

L'HERITIER RIDICVLE,

OV

LA DAME INTERESEE,

COMEDIE.

ACTE I.

SCENE PREMIERE.

LEONOR, BEATRIS.

BEATRIS.

MADAME, c'est encourir beaucoup, &
rien prendre,
Pour moy, ie n'en puis plus, ie com-
mence à me rendre,
Si vous vouliez vn peu regagner la maison,
Vous ne feriez pas mal.

LEONOR.

Beatris a raison

De se lasser enfin de prendre tant de peine ;
Mais elle ne sçait pas le sujet qui me meine.

BEATRIS.

Vous ne le sçauez pas aussi.

LEONOR.

                 Ie le sçay bien ;
Mais trop pour mon repos.

BEATRIS.

               Trop aussi pour le mien,
Moy qui croyois marcher des mieux pour vne
     fille,
Qui l'aurois disputé contre vn Porte-mandille,
Ie confesse pourtant que vous allez du pied
Côme moy, pour le moins, voire mieux de moitié ;
Pour moy ie ne vay plus quasi que d'vne fesse ;
Car vous ne parlez point, & vous rêvez sans cesse.
Madame, encore vn coup, ie ne puis tant aller,
Si ie n'ay quelquefois le plaisir de parler :
Mais pourueu que ie parle, & que l'on me répõde,
I'iray sans me lasser iusques au bout du monde.

LEONOR.

Ouy, Beatris, vn peu de conuersation,
I'y consens, & t'écoute auec attention.

BEATRIS.

Discouroõs dõc vn peu, mais qu'il ne vous déplaise
Du sujet qui vous fait sans carosse & sans chaise,
Sans Escuyer, sans gens, sans suite, sinon moy,
Courir le long du iour sur le paué du Roy.
Ie ne m'ingere point de condamner la chose
Deuant que la sçauoir : mais l'effet qu'elle cause,
Ma lassitude à part, ie ne le puis ioüer ;
Car ma chere Maistresse, il vous faut aduoüer
Que depuis quatre iours que vous courez la rüe,
Et faites malgré moy de la Dame inconnuë,

Si c'eſt auec deſſein qu'il a mal reüſſi,
Et ſi c'eſt ſans deſſein, que les fous font ainſi.
Vous ne ſçauez pas bien ma foy ce que vous faites,
Que dira-t'on de vous, ſi l'on ſçait qui vous eſtes?
Vous, qui dites toûjours, mon Dieu que dira-t'on?
Vous, qui dites toûjours, le trouuera-t'on bon?
Qui de tout & par tout faites la ſcrupuleuſe,
Ne redoutez-vous point qu'on vous nomme cou-
    reuſe ?   (deu,
Car ce nom-là vous eſt (ſauf voſtre honneur) bien
Si vous courez ainſi toûjours à corps perdu :
Et ne ſongez-vous point aux langues de vipere
Qui tondent ſur vn œuf, qui de tout font myſtere ?
Les vns diront du moins, que vous perdez le ſens,
Les autres plus, ſelon qu'ils ſeront médiſans:
Moy, qui cheris l'honneur autant, & plus qu'vn
    autre,
Que fera-t'on au mien, ſi l'on s'attaque au voſtre,
Puis que l'on dit toûjours, tel Maiſtre, tel valet?

LEONOR.

Ie n'attendois pas tant de ton eſprit follet,
Mais puis que ie te trouue aujourd'huy ſi morale,
Ie te veux croire auſſi d'vne ame aſſez loyale
Pour apprendre de moy le ſujet important
Qui me fait tant courir & qui te laſſe tant.
Eſcoute donc.

BEATRIS.

            Vrayment, Madame, ſi j'écoute,
Ie choiſirois plûſtoſt de ne voir jamais goute,
Que de n'écouter pas vn important ſecret.
C'eſt mon plus grand plaiſir, mais i'ay l'eſprit
    diſcret.

LEONOR.

Sçache donc, Beatris, que j'ayme.

BEATRIS.

Eſt-il poſſible?
Ie vous en ayme mieux, il faut eſtre ſenſible,
Pour moy, ie vous croyois plus dure qu'vn rocher,
Mais puis que ie connois que l'on vous peut tou-
Si pour vous y ſeruir, il ne faut que ma vie, (cher,
Madame, aſſeurez-vous que vous ſerez ſeruie.

LEONOR.

Mais ie ſuis, Beatris, malheureuſe à tel point,
Que j'ayme vn Caualier.

BEATRIS.

Qui ne vous ayme point?

LEONOR.

Non, mais qui ne ſçait pas que pour luy ie ſoû-
pire.

BEATRIS.

Le malheur n'eſt pas grand, il ne faut que luy dire.

LEONOR.

Et comment, Beatris?

BEATRIS.

C'eſt moy qui luy dira,
Repoſez-vous ſur moy, Dieu nous aſſiſtera.
Quand c'eſt à bonne fin, l'œuure n'eſt pas mau-
uaiſe.   (braiſe,
Ha! vrayment, il vaut mieux aymer chaud comme
Que haïr ſon prochain, & luy faire le froid.
Madame, il faut aymer ce qu'aymable l'on croit,
Et ne pretendre pas auſſi pour eſtre aymable,
Qu'on ait droit de laiſſer perir vn miſerable.
Quand voſtre Amant ſeroit plus fier qu'vn Nar-
ciſſus,
I'en viendrois bien à bout, j'en aurois le deſſus;
Et ſi ie ne tiens pas la choſe difficile,
Comment trouueroit-il qui vous vaille en la ville?

Nommez-le seulement, ie vous le rends rendu,
Et quand pour son merite il feroit l'entendu;
Car ie ne doute point qu'il n'en ayt plus qu'vn
    autre,
Puis qu'il a le pouuoir d'assujettir le voftre.
Nous auons pour gagner les superbes Amans
Des secrets aussi forts que des enchantemens.
Mais pour vous, que le Ciel a faite toute belle,
Vous n'auez qu'à joüer vn peu de la prunelle,
Vous n'auez qu'à luy faire vne fois les yeux doux,
Vous le verrez bien-toft embrasser vos genoux.
Belle, riche d'esprit, noble, auec tous ces char-
    mes,
Vous auez des desirs qui vous coûtent des larmes.
C'eft à vous bien plûtoft à donner des desirs,
Qui causent de l'extase, ou bien des déplaisirs:
Selon que vous serez en humeur de bien faire,
Il sera trop heureux, Madame, de vous plaire.

LEONOR.

Ho, ho, la Beatris, qui t'en a tant apris?
Ie ne connoissois pas ton merite & ton pris ;
Ie ne pensois auoir qu'vne simple seruante,
Et tu t'es découuerte vne fille sçauante.

BEATRIS.

Ie puis parler d'amour, puis que i'en ay tâté,
Et vous y puis seruir puis que i'en ay traité :
Mais depuis vn certain, qui mourut à la guerre,
Ie ne prens plus plaisir aux choses de la terre :
Que maudit soit le iour que premier ie le vy,
Si mon cruel deftin ne me l'auoit rauy,
Ie ne me verrois pas vne simple soubrette;
Mais Dieu l'a bien voulu, sa volonté soit faite ;
Parlons de voftre affaire, & me contez vn peu
Cōment, quand, & par qui voftre cœur a pris feu.

LEONOR.

Ce fut vn peu deuant que nous fuſſions enſemble,
Dieux ! à ce ſouuenir, ie friſſonne, & ie tremble,
Vn iour qu'il fit fort beau, j'allay me promener
Aux champs, où j'auois fait appreſter le diſner,
I'auois pris auec moy quatre de mes amies,
Apres diſner eſtans toutes cinq endormies,
En attendant le frais, laiſſant paſſer le chaud,
Vn effroyable bruit me réveille en ſurſaut,
Ie me leue, & ne voy dans la chambre paraſtre
Qu'vne épaiſſe fumée, à trauers la feneſtre,
Ie voy le Ciel en feu, qui me remplit d'effroy,
Ie tombe éuanoüie, & ſi fort hors de moy,
Que qui m'eût veuë alors, m'eût creuë aiſément
        morte,
Le feu gagnoit déja l'eſcalier, & la porte.
Ces Dames qui m'auoient laiſſée en ce danger,
(La peur les auoit bien empeſché d'y ſonger)
Verſoient aſſez de pleurs, faiſoiẽt aſſez de plaintes,
Et ie jurerois bien qu'elles n'eſtoient pas feintes,
Offroient aſſez d'argent ; mais à me ſecourir
Chacun faiſoit le ſourd, de crainte de mourir,
Alors qu'vn Caualier, conduit par mon bon Ange,
Arriue, eſt informé de ce malheur étrange :
Ces Dames en pleurant, luy côtent mon malheur,
Et luy, fut-il jamais de pareille valeur ?
Fut-il jamais vertu comparable à la ſienne ?
Met ſa vie en hazard pour ſecourir la mienne,
Saute ſans heſiter de ſon caroſſe en bas,
Paſſe au trauers du feu qui ne l'épargne pas,
Monte viſte en la chambre, ou plûtoſt il y vole.
Cette belle action dehors paſſe pour folle,
On le plaint, on le croit auſſi perdu que moy,
Lors qu'on le voit ſortir, me traînant apres ſoy,

Le poil brûlé, le teint tout noircy de fumée.
Il ne s'en alla point tant qu'il me vit pâmée;
Mais si-tost qu'il me vit reprendre mes esprits,
Sans que son action receust le moindre prix,
Ie confesse en cela que l'on fit vne faute,
Et par là i'ay bien veu qu'il a l'ame bien haute;
Sans se faire de feste, ou se faire valoir,
Sans qu'il me soit depuis seulement venu voir,
Il s'éloigna de nous, ce bel Ange visible.
Iuge si j'en reçeus vn déplaisir sensible,
Alors qu'on m'eust apris ce que ie luy deuois.
C'est ce qui m'a reduite au point où tu me vois;
C'est ce qui m'a depuis fait verser tant de larmes,
Et dóné sur mon cœur tant de force à ses charmes,
Que rien ne me paroist aymable comme il est.
Apres luy dans la Cour personne ne me plaist.
Soit qu'il soit trop aymable, ou moy trop susce-
        ptible   (sible;
D'vn amour, qu'à chasser i'ay fait tout mon pos-
Car ie l'ay veu depuis, cét aymable vainqueur;
Mais ie ne l'ay pû voir qu'aux dépens de mon
        cœur,
Mais ie ne l'ay pû voir sans en estre amoureuse,
Et de plus, Beatris, jalouse, & furieuse,
Ne desaprouue point ces mouuemens jaloux;
Ie l'ay veu depuis peu dans l'Eglise à genoux,
Discourant en secret auec vne inconnuë,
Que mon Page suiuit iusques dans cette ruë.
Et c'est pourquoy i'y viens depuis deux ou trois
        iours,
Et ce qui m'y fait faire auec toy tant de tours.
Mais j'aperçoy venir le plus fâcheux des hommes,
Ie suis au desespoir, s'il cónoist qui nous sommes:
C'est vn hôme choquant, vn homme sans raison.

                              A v

BEATRIS.

Entrons fans marchander dedans cette maifon,
I'en vois fortir, me femble, vne femme affez
belle.

LEONOR.

Mon Dieu ! fans la connoiftre.

BEATRIS.

Et vous mangera-t'elle?
Allez, allez, Madame, & parlez hardiment,
Il ne vous en fçauroit coûter qu'vn compliment.

SCENE II.

LEONOR, HELENE, BEATRIS.

LEONOR.

Madame, n'ayant pas l'honneur de vous
        connaiftre,
Vous n'approuuerez pas ma liberté, peut-eftre,
Mais vous ne pouuez pas auoir tant de beauté,
Que vous n'ayez beaucoup de generofité:
Ce Caualier qui vient me pourfuit, il m'importe
D'éuiter fon abord, ie croy qu'à voftre porte
Ie rencontre à propos vn lieu de feureté,
Où ie ne craindray point fon importunité.

HELENE.

A voftre feul abord, fans voir voftre vifage,
Ie vous accorderois encore dauantage.
Approchez-vous, Madame, & ne redoutez rien.

SCENE III.

DOM IVAN, LEONOR, HELENE, BEATRIS.

DOM IVAN.

EN vain vous vous cachez, ie vous reconnois bien,
Pourquoy me fuyez-vous, ingrate Leonore?
Ah! c'est trop maltraiter celuy qui vous adore,
Et qui pourtant est prest de se mettre à genoux
S'il a pû vous déplaire en courant apres vous.

LEONOR.

Ouy, Seigneur Dom Iuan, c'est moy, ie le cõfesse;
Quel plaisir prenez-vous à me fâcher sans cesse?
Pensez-vous emporter par obstination
Ce qu'on ne peut gagner que par affection?
Mon humeur, dites-vous, est vne chose étrange,
Quand Dieu vous auroit fait aussi parfait qu'vn Ange,
Quand il vous auroit fait vn objet plein d'appas,
Auecque tout cela vous ne me plairiez pas.
De cette auersion vous demandez la cause,
C'est vous seul qui pouuez en sçauoir quelque chose,
Puis que cette cause est, ainsi que ie le croy,
Et selon l'apparence, en vous plûtost qu'en moy.
Pour donner de l'amour, le secret est de plaire,
Vous ne me plaisez pas, que pensez-vous dõc faire?

A vj

Vous m'offrez voftre cœur en échange du mien,
Pourquoy châger mõ cœur, fi ie m'en trouue biẽ,
Et quãd ie voudrois bien le châger pour vn autre,
Eftes-vous affeuré que ie priffe le voftre ?   (auffi?
Parce que vous m'aymez , vous dois-je aymer
Eft-ce bien raifonner que de conclurre ainfi ?
Vous m'aymez, dites-vous, car ie fuis bien ayma-
Si vous ne m'eftes pas en cela comparable,   (ble.
Si vous n'eftes aymable autant que ie le fuis,
C'eft me demander trop , & plus que ie ne puis,
Et c'eft fur ce fujet tout ce que ie puis dire.

HELENE.

Ie ne voy pas pour vous grande matiere à rire :
Mais bien à compofer de pitoyables Vers
Contre la dureté de ce fexe peruers,
Contre les cruautez de ces méchantes femmes,
Qu'on deuroit affommer à grands coups d'Epi-
grammes.

DOM IVAN.

Ah ! Madame , c'eft trop auoir de cruauté,
Railler vn malheüreux , c'eft vne lâcheté;
Mais de ce procedé , quoy qu'il foit bien étrange,
Si vous me procurez vn regard de mon Ange,
Ie vous promets ; Madame , & ie vous le tiendray,
Que cõme d'vn bien-fait, ie m'en reffouuiendray.

LEONOR.

Et mon Dieu, Dom Iuan, lors que vous m'au-
rez veuë,
Quel plaifir penfez-vous receüoir de ma veuë?
Ie vous regarderay comme vn perfecuteur.

DOM IVAN.

Eft-ce perfecuter que de donner fon cœur?

LEONOR.

Entendray-je toûjours dire la mefme chofe ?

HELENE.

Encore que ie fois fufpecte en cette caufe,
Sçachez, mon Caualier, qu'aymer fans agrée-
    ment
C'eft dépenfer fon bien tres-inutilement,
C'eft n'eftre pas trop bien auec fa deftinée,
Et dés ce monde icy viure en ame damnée.
Ce qui de vous eftant de prés confideré,
Laiffez Madame en paix, & me fçachez bon gré
De vous auoir donné cét aduis falutaire.

DOM IVAN.

Ie veux fuiure vn aduis au voftre tout contraire,
Et que ie plaife, ou non, feruir iufqu'à la mort
Cette ingrate beauté, de qui dépend mon fort,
Le temps pourra changer fon humeur de tygreffe.

LEONOR.

N'efperez rien du temps qu'vne trifte vieilleffe,
La cheute des cheueux, & la perte des dents,
Et parce qu'auec vous ie paffe mal le temps,
Et que Madame en eft fans doute importunée,
Allez pefter plus loin contre la deftinée.

DOM IVAN.

Madame, j'attendray plûtoft jufqu'à demain,
Que ie n'aye l'honneur de vous donner la main
Iufqu'à voftre demeure.

LEONOR.

        Et moy, pour m'en défendre,
I'efpere vous laffer en vous faifant attendre.

HELENE.

Vous voulez donc, Monfieur, affieger ma maifon?

DOM IVAN.

Vous eftes contre moy, Madame?

HELENE.

            Auec raifon.

Vit-on jamais vſer de telle violence ?
Si quelqu'vn m'auoit fait vne pareille offence...
Mais ie voy Dom Diegue, il vient tout à propos.

LEONOR tout bas.

Ha, Beatris ! c'eſt luy qui trouble mon repos.

HELENE.

Vous ne voulez donc pas laiſſer en paix Madame?

DOM IVAN.

Vous voulez donc qu'vn corps s'éloigne de ſon

HELENE.   (ame?

Ie ne puis plus ſouffrir tant d'inciuilité.
Dom Diegue, de grace, ayez la charité
De vouloir deliurer vne Dame aſſiegée,
A quoy ie ſuis auſſi par honneur engagée.

SCENE IV.

D. DIEGVE, HELENE, D. IVAN, LEONOR, BEATRIS.

DOM DIEGVE.

ET, Madame, qui donc vous fait la guerre
     ainſi ?

HELENE.

C'eſt Monſieur.

DOM DIEGVE.

Dom Iuan, puis-je croire cecy?

HELENE.

I'eſtois deſſus ma porte, vne Dame inconnuë
Auecque ſa Suiuante à la hâte eſt venuë

Se ſauuer prés de moy pour éuiter abord
De Monſieur que voilà, qui la couroit bien fort.
Il l'ayme, à ce qu'il dit, elle ne l'ayme gueres,
Elle luy vient de dire en paroles bien claires:
Luy, ſans ſe rebuter de ſa ſeuerité,
La veut accompagner contre ſa volonté.
Son importunité m'a ſemblé bien étrange;
Et c'eſt peu reſpecter ce qu'il nomme ſon Ange;
Ie l'ay voulu prier, ie n'ay rien obtenu,
C'eſt où nous en eſtions, quand vous eſtes venu.

DOM DIEGVE.   (Dames,
Ah! Seigneur Dom Iuan, nous deuons tout aux
Les hommes ne ſont nés que pour ſeruir aux fem-

DOM IVAN.   (mes.
Ce que vous dites-là, qui le ſçait mieux que moy?
Mais lors que j'ay penſé faire ce que ie doy,
Luy preſenter la main pour la mener chez elle,
Elle m'a refuſé, l'ingrate, la cruelle,
Elle a fait l'inconnuë, & m'a caché ſes yeux,
Apres deux ans entiers que ie brûlay pour eux.
A la fin la fureur ſuiura la patience.

DOM DIEGVE.
Pretendez-vous vous faire aymer par violence?
L'amour ſe doit gagner, & ne ſe peut rauir;
Si vous le trouuez bon, ie m'offre à vous ſeruir.
Demain ſi vous voulez ie luy rendray viſite.

DOM IVAN.
Ie ſuis au deſeſpoir.

DOM DIEGVE.
            Vn homme de merite
Doit eſperer toûjours.

DOM IVAN.
                Ah! l'ingrate beauté
A trop peu de juſtice, & trop de cruauté;

I'ay juré de la voir ; ie ne puis fans offence....

DOM DIEGVE.

Dom Iuan, en amour le vœu d'obeïffance
Va deuant tous fermens. Allons.

DOM IVAN.

Ie le veux bien:
Vous promettez beaucoup, mais ie n'efpere rien.

SCENE V.

HELENE, LEONOR, BEATRIS.

HELENE.

IL s'en va bien fâché, le pauure miferable ;
Vous ne me tiendrez pas vne rigueur fem-
blable,
Ie verray ces beaux yeux qui luy font tent de mal,
Et voftre amant s'en va deuenir mon riual.

LEONOR.

Me montrer, ce n'eft pas le moyen de vous plaire;
Mais vous obeïffant, ie ne fçaurois mal faire.

HELENE.

Ha ! vrayment ie l'excufe au lieu de le blâmer,
Il ne vous a pû voir, & s'empefcher d'aymer :
Ou trouuez le moyen de vous rendre inuifible,
Ou laiffez-vous aymer.

LEONOR.

Madame, eft-il poffible,
Lors que vous me raillez affez vifiblement,
Que vous gaigniez pourtât mon cœur abfolumêt?

Vous m'auez fait, Madame, vn plaisir dont j'es-
　　pere
Me reuancher bien-tost; & Monsieur vôtre frere,
En éloignant de moy cét Empereur des Fous,
S'est acquis dessus moy ce qu'il peut dessus vous.

HELENE.

Dom Diegue est de soy si fort considerable,
Que si j'auois pour frere vn Caualier semblable,
Quand cela m'osteroit la pluspart de mon bien,
J'y gagnerois beaucoup.

LEONOR.

　　　　　　　Il ne vous est donc rien?

HELENE.

Non, mais il tâche assez de m'estre quelque chose.

LEONOR.

Sa qualité peut-estre inégale est la cause
Qu'il aura de la peine à paruenir si haut.

HELENE.

Dans sa condition il est bien sans defaut,
On n'en sçauroit non plus trouuer en sa personne;
Mais ce n'est pas pour rien aujourd'huy qu'on se
　　donne.
Dom Diegue est fort pauure, estant ce que ie suis,
Ie veux viure en la Cour, sans bien ie ne le puis:
Mon bien est mediocre, & j'ayme la dépence.

LEONOR *tout bas*.

Ma crainte, & mes soupçons font place à l'espe-
　　rance.

HELENE.

Que dites-vous?

LEONOR.

　　　　　Ie dis qu'en épousant vn gueux,
Quelque bien que l'on ait, d'vn pauure on en fait
　　deux.

HELENE.

D. Diegue eſt aymable, & ſon nom eſt Mendoce,
Mais cela ne fait pas bien rouler vn caroſſe.
Vn oncle, à ce qu'il dit, Gouuerneur au Peru,
Luy garde bien du bien ; mais il n'eſt pas venu ;
Ie n'ayme pas le bien qui n'eſt qu'en eſperance,
Ie l'amuſe pourtant de quelque complaiſance,
Qui ne me coûte guere, & ne m'engage à rien :
N'en ay-je pas ſujet ?

LEONOR.

Ha ! que vous faites bien,
Et que l'on void ſouuent de filles abuſées,
Pour n'eſtre pas ainſi que vous bien auiſées !
Mais le plaiſir que j'ay de vous entretenir,
Dont ie veux conſeruer toûjours le ſouuenir,
Et que ie doy ſans doute à ma bonne fortune,
M'empeſche de ſonger que ie vous importune,
Ie prens congé de vous.

HELENE.

Faites-moy donc ſçauoir
Le nom de la Beauté que j'ay l'honneur de voir,
Et dont la connoiſſance eſt pour me rendre vaine.
Ie vous veux aller voir.

LEONOR.

Ie n'en vaux pas la peine,
Pour vous obeïr donc, mon ſurnom eſt Guſman,
Mon nom eſt Leonor, & ie loge à Saint Iean.

HELENE.

Et moy, pour vous le rendre en la meſme mõnoye,
Helene de Torrez.

LEONOR

Ce m'eſt beaucoup de joye
De connoiſtre vne Dame en qui la qualité
Auſſi bien que l'eſprit égale la beauté ;

Ie reuiendray bien-toſt chez vous vous rendre
De voſtre bon ſecours. (grace

HELENE.

Deuant que le iour paſſe
Ie vous viſiteray. Paquette !

SCENE VI.

PAQVETTE, HELENE.

PAQVETTE.

Qvi va là?

HELENE.

Maraude, oſez-vous bien me répondre cela?
Dom Diegue a-t'il leu ma lettre ?

PAQVETTE,

Ouy, Madame.

HELENE.

Et que vous a-t'il dit ?

PAQVETTE.

Il vous nomme ſon Ame,
Son Ange, ſon Soleil, ſon Inclination,
Et cent autres beaux mots d'édification, (dre,
Qui m'ont bien fait pleurer, car ie ſuis vn peu ten-
Sans doute ie ſerois perſonne aiſée à prendre;
Et qui me parleroit d'vne mourante voix,
Auroit mon cœur, mon ame, & plus ſi ie l'auois.
Quãd ie voy D. Diegue auprés de vous en larmes,
Vous dire cent beaux mots qui ſont autant de
charmes,

Et que ie confidere aufli d'autre cofté
Helene de Torrez, dont il eft écouté,
Qui ne s'en émeut point, au lieu de fatisfaire
Aux obligations....

HELENE.

Ie vous feray bien taire,
Cette coquine-là fe mefle de prefcher:
Allez dire à quelqu'vn qu'on cherche le cocher.

Fin du premier Acte.

ACTE II.

SCENE PREMIERE.

DOM DIEGVE, ROQVESPINE.

DOM DIEGVE.

HA ! ie n'ay jamais veu d'homme plus obftiné,
En fon logis pourtant enfin ie l'ay mené,
Il reuenoit toûjours à la Dame inconnuë,
Qu'il auoit rencontrée au milieu de la ruë,
Et n'auoit pas voulu luy montrer fes beaux yeux,
Qu'il appelloit fes Roys, fes Soleils, & fes Dieux.
Il a fait cens fermens qui ne font pas vulgaires,
Il a pris le bon Dieu de toutes les manieres,
Difant que la beauté, qui le méprife tant,
Deuoit confiderer vn homme fi conftant.
Il m'a fait le recit de toutes fes proüeffes,
Et le dénombrement de toutes fes Maiftreffes;
Et cela pour monter, y joignant les combats,
A cent contes pour rire, & tout cela fort bas.
Quoy que nous fuffions feuls, il m'a fait voir en
Deux difcours fur l'Etat, du tõ de Bellerofe, (profe
M'a recité des Vers, enfin il a tant fait,
Que de fon fot efprit affez mal fatisfait,

Et pour dire le vray de sa personne entiere,
Ie l'ay laissé pestant contre la Dame fiere
Que ie dois visiter pour luy dire qu'elle a
Grand tort de le traitter de cet façon-là.
Et de plus il m'a fait, bon-gré, mal-gré, promettre
De joindre à ma visite vne efficace lettre,
Pour rendre cét esprit de Tygre vn peu plus doux.

ROQVESPINE.

Vous deuriez bien plustost, Monsieur, songer à
    vous,
Et sans vous tourmenter pour le repos d'vn autre,
Trauailler tout de bon pour établir le vostre.
Helene de Torrez vous mene par le bec,
Met vostre cœur en cendre, & vostre bourse à sec;
Lors que vous luy parlez de conclure l'affaire,
La mattoise qu'elle est adroitement differe,
Et jure son grand Dieu, vous faisant les yeux doux,
Que si vous l'aimez bien, elle est folle de vous;
Mais que plusieurs raisons qu'elle ne peut appren-
    dre,
Malgré tout son amour, la font encore attendre;
Et moy qui vois bien clair, Monsieur, ie vous ap.
    prend   (tend:
Que le bien de vostre oncle est tout ce qu'elle at-
Non, que vous déplaisiez à cette Dame chiche;
Mais elle ayme le bien, & vous n'estes pas riche.

DOM DIEGVE.

Ie seray riche vn iour quand mon oncle mourra.
Mon Dieu, quand mourra-t'il?

ROQVESPINE.

                  Le plus tard qu'il pourra;
Mais ie veux qu'il soir mort, vous sçauez qu'vn
    naufrage
Peut vous faire décheoir de cét ample heritage;

Et la Flotte qui vient que l'Hollandois attend,
Et que le plus fouuent vous fçauez bien qu'il préd;
Si Dieu veut qu'elle prenne Amfterdam pour Se-
    uille,
Vous paflerez fort mal le temps en cette ville;
Et ie veux qu'on me pende en cas que cela foit,
Si chez elle jamais l'ingrate vous reçoit.
Toute la fubfiftance eft, peu s'en faut, tarie,
Vous follicitez mal voftre Commanderie:
Tres-inutilement vous tirez, comme on dit,
De la poudre aux moineaux, & donnez à credit
Voftre temps, dont iamais on ne vous tiendra
    compte,
Vous en creuez de rire, & moy j'en meurs de
    honte.
        DOM DIEGVE.
Es-tu mon Pedagogue, ou bien mon Gouuerneur?
        ROQVESPINE.
Ie fuis voftre Efcuyer; de plus, homme d'honneur.

SCENE II.

FILIPIN, DOM DIEGVE, ROQVESPINE.

FILIPIN entre en chantant.

QVe la Tour de Vailladolid tombe fur toy,
    Qu'elle tombe, & te tuë, que m'importe à
Giribi, &c.   DOM DIEGVE.   (moy?
Ho, ho, c'eft Filipin, hé bien quelles nouuelles?

FILIPIN.

Defquelles voulez-vous? dites-le-moy, defquelles?
Car j'en ay pour pleurer, & pour ne pleurer pas,
J'apporte de l'argent, & j'annonce vn trépas.

DOM DIEGVE.

Dis-nous donc ce que c'eſt?

FILIPIN.

Ie veux qu'on le deuine,
Ou ie ne diray rien.

DOM DIEGVE.

Ce laquais a la mine
De ſe faire vn peu battre.

FILIPIN.

Et deuant que parler,
Ie veux ſçauoir où peut ma recompenſe aller;
Et ſi ie veux de plus outre ma recompenſe,
Que voſtre Seigneurie augmente ma dépenſe.

DOM DIEGVE.

Hé bien, cela vaut fait ; dis donc ſuccintement.

FILIPIN.

Ce n'eſt pas là mon compte, il faut abſolument
Que ie parle beaucoup, ou bien que ie me taiſe.

DOM DIEGVE.

Parle ton ſaoul.

FILIPIN.

De plus, ie demande vne chaiſe.

DOM DIEGVE.

Prens-en vne.

FILIPIN.

Et de plus, quand j'auray commencé,
Si quelqu'vn m'interrompt, ie veux eſtre offenſé,
Et qu'on ait là-deſſus à me bien ſatisfaire.

DOM DIEGVE.

Et qui t'interrompra?

FILI-

FILIPIN.
Ce vieil gobe-clyſtere,

Cét Eſcuyer que Dieu confonde, & qui ſe rit
De tout ce que ie dis, & fait du bon eſprit.

DOM DIEGVE.
Ie te répons de tout, commence donc.

FILIPIN.
A d'autres,

Vous tranſgreſſez déja les conditions noſtres.
Ne vous ay-je pas dit, & vous le ſçauez bien,
Que vous deuinaſſiez, & vous n'en faites rien?

DOM DIEGVE.
Et ſi ie deuinois qu'aurois-tu plus à dire?
Sçais-tu bien, gros faquin, que ie ſuis las de rire,
Et ſi tu fais le ſot, qu'à grands coups de baſton....

FILIPIN.
Ho, ho, ie vous croyois auſſi doux qu'vn mouton,
Et que diable vous ſert d'auoir leu la Morale?
Vous vous fâchez pour rien, & vous deuenez pâle,
Et bien n'en parlons plus, ie parle, écoutez-moy.

DOM DIEGVE.
Ie ne t'écoute point, ie le ſçauray ſans toy.

FILIPIN.
Vous ne m'écoutez point? De grace à la pareille,
Môſieur, accordez-moy l'hôneur de voſtre oreille.

DOM DIEGVE.
Ie veux faire à mon tour quelques conditions.

FILIPIN.
Faites, ie paſſe tout, hors les contuſions :
Qui diable vons a dit que c'eſtoit-là mon tendre?
Ie ne veux point parler, alors qu'on veut m'en-
    tendre ;
Quand on ne le veut plus, j'enrage de parler :
Et maintenant, Monſieur, ie ne le puis celer,
B

Si vous me défendez de dire mes nouuelles,
Vous perdez le Phœnix des seruiteurs fidelles;
Les discours retenus me pourront suffoquer,
Et d'vne mort si sotte on se pourra mocquer.

DOM DIEGVE.

N'y retourne donc plus, parle, ie te fais grace.

FILIPIN.

Voulez-vous vn discours auec vne preface,
Et tous les ornemens que j'y pourray donner?

DOM DIEGVE.

Depesche en peu de mots, & sans tant badiner.

FILIPIN.

Certes il est bien vray que jamais la fortune...

DOM DIEGVE.

Ce beau commencement dés l'abord m'importune.

FILIPIN.

Ie vay changer de style; outre la pension,
Monsieur, ie vous apporte vne succession.

DOM DIEGVE.

Mon cher oncle est donc mort?

FILIPIN.

Et pour longues années.
Que de femmes par tout vous vont estre don-
nées!
Le franc homme d'honneur que vous auez perdu,
Le grand bien qu'il vous laisse à Seuille rendu,
En est bon témoignage, ô la belle monnoye !
Que de gros patacons son Commis vous enuoye,
En argent monnoyé, diamants & lingots,
Cent mille beaux écus, trente jeunes magots,
Autant de Perroquets, de Cachou plein deux
quaisses;
(ses
Bref, trois Vaisseaux chargez de toutes les riches-

Que possedoit vostre oncle. Helas, encore vn
coup,   (coup !
En feignant tant de bien, que vous perdez beau-
Mais si vous cômandiez qu'on me donnât à boire;
Pour m'ôter, si l'on peut, sa mort de ma memoire,
Tandis que vous lirez ce que l'on vous écrit,
J'irois me délasser, & le corps, & l'esprit.
J'ay bien peur de trouuer tout froid dãs la cuisine.

DOM DIEGVE.

Va le faire manger ; & reuien, Roquespine.

ROQVESPINE.

Le voila qui reuient.

FILIPIN.

        Monsieur, sortant d'icy,
Vne Dame voilée & sa seruante aussi,
Qui ne m'a pas paru non plus qu'elle pourrie,
Attend pour vous parler en cette Gallerie.

DOM DIEGVE.

Dis-luy qu'elle entre.

FILIPIN.

        Entrez, Madame, au nez caché,
Dom Diegue est tout seul, & n'est pas empesché.

SCENE III.

LEONOR, BEATRIS voilées,
D. DIEGVE, FILIPIN.

LEONOR.

C'Est comme ie le veux.

DOM DIEGVE.

        Elle a fort bonne mine,

FILIPIN.

La putain de seruante a guigné Roquespine.

LEONOR.

Monsieur, pour vn sujet que vous allez sçauoir,
Faites sortir vos gens.

DOM DIEGVE.

             Vous vous ferez donc voir:

LEONOR.

Vous n'en serez pas mieux lors que vous m'aurez
   veuë.

FILIPIN.

La Dame qui se cache, est ou vieille ou barbuë.

DOM DIEGVE.

Pour estre ainsi, Madame a trop bonne façon,
Mais alors qu'on se cache on donne du soupçon.

FILIPIN.

Et vous, qui paroissez estre la Damoiselle
De cette Damoiselle, ou vous n'estes pas belle,
Ou j'ose bien gager que vous ne valez rien,
Puis que vous vous cachez aux yeux des gens
   de bien.

BEATRIS.

Et vous plaisant, ou Fou de Mõsieur vôtre Maistre,
Mulletier ou Laquais, car tout cela peut estre,
Ie gage bien plûtost que vous ne valez rien,
Puis que vous tourmentez ainsi les gens de bien.

FILIPIN.

Il n'a pas mal parlé, ce visage de crespe!
O beauté, qui m'auez piqué comme vne guespe!
Daignez me receuoir pour vostre humble freslon,
Quoy que laquais, ie suis fauory d'Apollon.

LEONOR.

Sortons, sortons d'icy, Dom Diegue & sa suite
Deuoient mieux receuoir ma premiere visite.

DOM DIEGVE.

Ha ! Madame, arreſtez, Dom Diegue fera
N'en doutez nullement) tout ce qu'il vous plaira.

LEONOR.

Commandez donc, Monſieur, encore vn coup
    qu'ils ſortent,   (tent.
Et vous ſçaurez de moy choſes qui vous impor-

FILIPIN.

Adieu, belle inconnuë !

BEATRIS.
      Adieu, vilain connu.

FILIPIN.

Adieu, vieille ſuiuante.

BEATRIS.
      Adieu, laquais chenu.

SCENE IV.

LEONOR, DOM DIEGVE.

LEONOR.

SAns employer le temps en diſcours inutiles,
Et ſans vous accabler de paroles ciuiles,
De la part d'vne Dame à qui vous eſtes cher,
Ie ſuis icy venuë exprés pour vous chercher,
Et pour ſçauoir de vous ſi vous eſtes à prendre,
Ou ſi vous eſtes pris, veüillez donc me l'appren-
    dre.
Cette Dame a deſſein de vous bien marier,
En cas que vous ſoyez vn homme à vous lier;

Elle sçait vostre nom , connoist vostre merite,
Et c'est pour cela seul que ie vous rends visite.

DOM DIEGVE.

Ie ne vous diray rien si vous ne promettez
De leuer vostre voile , & montrer vos beautez.

LEONOR.

Sil ne tient qu'à cela , vous verrez mon visage,
Encor qu'à le cacher j'aye vn grand aduantage.
Dites-moy cependant si vous aymez ou non?

DOM DIEGVE.

Volontiers.

LEONOR.

Vous aymez?

DOM DIEGVE.

Ouy, j'ayme.

LEONOR.

Tout de bon?

DOM DIEGVE.

Tout ce qu'on peut aymer.

LEONOR.

Et vous aymez?

DOM DIEGVE.   Helene.

LEONOR.

Helene de Torrez.

DOM DIEGVE.

C'est elle qui m'enchaine.

LEONOR.

Et qui se meurt d'amour pour vous?

DOM DIEGVE.

Qui m'ayme bien.

LEONOR.

Vous le croyez?

DOM DIEGVE.

Sans doute.

LEONOR.

Et moy ie n'en croy rien.

DOM DIEGVE.

Vous ne le croyez pas?

LEONOR.

Ie le sçay de sa bouche,
Que le bien de voftre onele, & non pas vous, la
    touche,
Et que s'il vous manquoit cette fucceffion,
Vous n'auriez jamais part en fon affection.

DOM DIEGVE.

Femme, qui n'eftes pas fans doute fon amie,
Qui tâchez d'ébranler ma fortune affermie,
En venant m'aduertir que l'on ne m'ayme pas,
Sçachez que vous perdez voftre temps & vos pas.
Helene de Torrez m'ayme, ie le veux croire,
Plûtoft que les auis d'vne Donzelle noire,
Dont peut-eftre l'efprit que l'on ne fçauroit voir,
A fon voile eft pareil, c'eft à dire bien noir.

LEONOR.

Ne jugez plus de moy par ma noire figure,
Mon vifage n'eft pas de fi mauuais augure.
Regardez-moy, Monfieur, s'il vous refte des
    yeux,
Pour d'autres que pour ceux dont vous faites des
    Dieux.

DOM DIEGVE.

O qu'il eft difficile, apres vous auoir veuë,
De fe garder des maux qui fuiuent voftre veuë!
Et fi j'auois encore vn cœur à faccager,
Madame, qu'auec vous ie ferois en danger!
Mais, Madame, il me vient, vous ayant regardée,
De voftre beau vifage vne confufe idée,
Il faut bien qu'autrefois il m'ait efté connu.

LEONOR.

Encore est-ce beaucoup de s'estre souuenu
D'vn visage commun & fait comme le nostre,
Tandis qu'absolument possedé par vn autre,
On ne vit que pour elle, & l'on songe fort peu
A voir par charité ceux qu'on sauue du feu;
Car de ciuilité l'on n'en espere aucune
De qui méprise tout, fors sa bonne fortune.

DOM DIEGVE.

Ouy , Madame, il est vray : contre vous j'ay
     peché,
Vous me l'auez chez moy iustement reproché,
En ne vous voyant point j'en ay fait penitence,
Et j'en ay tout de bon beaucoup de repentance.

LEONOR.

En ne me voyant point vous n'auez point souffert,
Ce que l'on n'ayme point sans regret on le pert.
Si vous auez de moy la memoire perduë,
Puis qu'à nostre merite elle n'estoit point deuë,
Me dire qu'en cela vous auez bien peché,
C'est rire à mes dépens , & mesme à bon marché.
Vous adorez des yeux qui vous gardent des nostres:
Mais , Seigneur Dom Diegue , ouurez vn peu les
     vostres,
Ne faites pas de moy ce mauuais jugement,
De croire qu'à dessein de tromper seulement,
Ie vienne icy chez vous, vous auertir qu'Helene
Amuse vostre amour d'vne esperance vaine :
D'elle-mesme ie sçay que son affection
Suit seulement l'espoir d'vne succession,
Que la succession ou tardiue ou manquée,
Rendra de tout vos soins l'esperance mocquée.
Et que ce dessein seul fait qu'elle vous reçoit ;
Ne doutez nullement que tout cela ne soit.

A moy-mefme tantoft elle a fait confidence
De cette trahifon qu'elle nomme prudence,
Ie fuis la Dame mefme à qui ce Dom Iuan,
Plus funefte pour moy que n'eft vn chat-huan,
A caufé le bon-heur de fe voir dégagée
Par vous, lors qu'il m'auoit chez Helene affiegée.
Vous m'obligeâtes moins en me fauuant du feu ;
Peut-eftre cét aduis vous importune vn peu.
Ne vous en prenez point à moy qui vous le dône,
Ie ne fais qu'obeïr à certaine perfonne,
Dame de grand merite, & qui vous ayme affez
Pour fouhaiter ailleurs vos feux recompenfez.
Sans voftre engagement vous auriez auec elle
Ce que vous n'aurez point auec voftre infidelle,
Elle a fix mille écus de rente: en qualité
Elle furpaffe Helene, & peut-eftre en beauté:
Ne confidere en vous que voftre feul merite;
Et là-deffus, Monfieur, ie finis ma vifite.

DOM DIEGVE.

Et ne fçauray-ie point fa demeure & fon nom?

LEONOR.

Sans le bien meriter, ie penfe bien que non.

DOM DIEGVE.

I'iray chez vous l'apprendre.

LEONOR

      Et que diroit Helene?
Non non, n'y venez pas, ie n'en vaux pas la peine.

SCENE V.

D. DIEGVE, ROQVESPINE, FILIPIN.

DOM DIEGVE.

Roquespine, laquais, quelqu'vn venez à moy,
L'auanture est plaisante, & rare sur ma foy,
Sçauez-vous ce qu'a fait cette Dame voilée?

ROQVESPINE.

Non, ie sçay seulement qu'elle s'en est allée.

DOM DIEGVE.

Elle a fait des efforts pour me persuader
Qu'Helene me trahit, que ie m'en dois garder,
Et que si ie veux rompre auec cette infidelle,
Vne autre se presente, & plus riche, & plus belle.

ROQVESPINE.

Il n'est rien de plus vray, ie l'ay sçeu depuis peu.

DOM DIEGVE.

C'est elle qu'vne fois ie garantis du feu.

ROQVESPINE.

La peste, qu'elle est belle !

FILIPIN.

Et jeune:

ROQVESPINE.

Et de plus, riche.

FILIPIN.

C'est dommage qu'vn champ si beau demeure en

DOM DIEGVE.   (friche.

Elle parloit pour elle, ou ie me trompe fort.

FILIPIN.

Et prenez-la moy donc, ou vous auez grand tort,
Prenez-la-moy, vous dis-je, & me laissez la peine
De découurir au vray l'intention d'Helene.

DOM DIEGVE.

Et comment ferois-tu?

FILIPIN.

Feignez tout attristé,
Que voftre Oncle vous a tout net desherité ;
Que ma mere eft fa fœur, mariée en Galice,
Et que par mon bonheur, ou par mon artifice,
Luy faifant cent rapports que vous ne valez rien,
Le bon homme en mourant m'a laiffé tout fon
    bien.
Vous fçauez qu'à la Cour on ne me cõnoift guere,
Que ie parle vn langage étonnant le vulgaire;
Et qu'ayant autresfois appris quelque Latin,
Ie fçay, quoy que laquais, dire, fort, & deftin ;
Parler Phœbus, écrire en vers ainfi qu'en profe,
Appliquer bien ou mal vne Metamorphofe,
Si malgré mon langage & mine de Pedant
Voftre Helene reçoit le nouueau pretendant,
Pour l'efpoir des grãds biens dont il fera fanfare,
Plantez pour reuerdir cette Maiftreffe auare,
Prenez-moy bien & beau Madame Leonor,
Et ce fera changer voftre argent faux en or.

DOM DIEGVE.

Bien, ie veux effayer auec ton ftratagême
De fçauoir s'il eft vray que c'eft mon bien qu'on

FILIPIN.   (aime.

Il faut battre le fer cependant qu'il eft chaud,
L'Heritier Ridicule agira comme il faut.

Fin du fecond Acte.

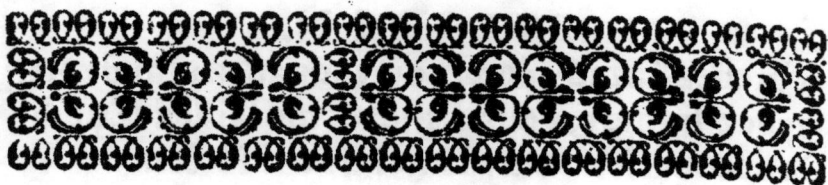

ACTE III.

SCENE PREMIERE.

HELENE, DOM DIEGVE.

HELENE.

MOn Dieu ! ne jurez point, ou veritable, ou feinte,
Vne noire tristesse en vostre face est peinte.

DOM DIEGVE.

Estant auprés de vous, pourrois-je m'attrister?

HELENE.

Contre la verité voulez-vous contester?
Mais ne sçaurois-je point le sujet qui vous fâche?

DOM DIEGVE.

Ce qu'on ne peut celer il faut bien qu'on le sçache.

HELENE.

La flotte a-t'elle fait naufrage?

DOM DIEGVE.

Elle est au port
Heureusement conduite , & si mon Oncle est mort.

HELENE.

Qu'est-ce donc qui vous met en peine?

DOM DIEGVE.

En cette Lettre
∫ous verrez vn malheur capable de m'y mettre.

LETTRE.

MONSIEVR, &c.

Vo∫tre Oncle Dom Pelage a ca∫∫é en mourant le Te-
∫tament qu'il auoit fait en vo∫tre faueur, & a fait
vo∫tre Cou∫in Dom Pedro de Buffalos ∫on heritier vni-
uer∫el. Il ne vous lai∫∫e que trois cens Ducats de rente
durant vo∫tre vie ; I'ay fait ce que i'ay pû pour vous
∫eruir, ie n'ay pû rien obtenir du vieillard, auprés de
qui on vous a rendu ∫ans doute de tres-mauuais offi-
ces : i'en ∫uis au de∫e∫poir, & ∫uis,

MONSIEVR,

Vo∫tre tres-humble, & tres-
obeï∫∫ant ∫eruiteur,
GEORGE RINALDI.

HELENE.

Vous auez grand ∫ujet de n'e∫tre pas content,
Et trop de cœur au∫∫i pour vous affliger tant ;
Vne ame genereu∫e, & qui n'e∫t pas commune,
E∫t au de∫∫us des biens que donne la fortune.

DOM DIEGVE.

Pourueu qu'Helene m'ayme, & me veüille du
bien,   (que rien ;
Les malheurs les plus grands me touchent moins

Sa main mise en la mienne, ainsi que ie l'espere,
Car il n'est plus saison que sa bonté differe
De m'accorder bientost ce sensible bonheur,
Dont le retardement blesseroit mon honneur :
Sa main, dis-je, donnée, & la mienne receuë,
Feront qu'en ses desseins la fortune deceuë
Me laissera joüir de ce bonheur parfait,
Sans me plus tourmenter , comme elle a toûjours
  fait.
Ne differez donc plus ce bien incomparable,
Faites vn homme heureux d'vn homme misera-
  ble :
Acheuez ma fortune, en public dés demain,
Et receuant mon cœur , dõnez-moy vostre main.
                HELENE.
Vous pressez vn peu trop ce qu'on peut toûjours
  faire.
Vouloir estre mon Maistre , est-ce vouloir me
  plaire?   (vous,
Vous m'aymez, Dom Diegue, au moins ce dites-
J'ayme bien D. Diegue, & crains fort vn épous,
Vous n'auez point de bien, j'ayme fort la dépense,
Iugez pas ce discours de tout ce que ie pense.
            DOM DIEGVE.
Vous refusez vn bien si long-temps attendu?
                HELENE.
Osez-vous vous en plaindre, & vous estoit-il dû?
            DOM DIEGVE.
O que vous cachiez bien vostre ame interessée!
                HELENE.
O qu'en vous épousant ie serois insensée!
            DOM DIEGVE.
Ie ne le pouuois croire alors qu'on me l'apprit,
Que vous aymiez le bien.

HELENE.

          C'eſt auoir de l'eſprit.

DOM DIEGVE.

Vous en auez beaucoup, mais bien plus d'auarice.
O que mon beau couſin, frais venu de Galice
ſeroit bien voſtre fait tout mal bâty qu'il eſt !

HELENE.   (plaiſt.

Vous penſez vous railler ; s'il eſt riche, il me

DOM DIEGVE.

Et ne craignez-vous point de paſſer pour infame?

HELENE.   (femme.

Non, mais ie crains bien fort de me voir voſtre

DOM DIEGVE.

Ie me verrois vanger par vous-meſme de vous,
Si mon ſot de Couſin deuenoit voſtre époux.

HELENE.

S'il n'eſt pas comme vous accablé de miſere,
Et non pas comme vous d'vne ame peu ſincere,
Ie ne le cele point, ie l'aymeray bien mieux
Qu'vn inciuil, vn braue, vn pauure, vn glorieux.

SCENE II.

PAQVETTE, DOM DIEGVE, HELENE.

PAQVETTE.

Madame, vn Caualier, ou qui paroiſt de
      l'eſtre,   (ſtre,
Suiuy d'vn Eſcuyer bien mieux fait que ſon Mai-

Demande à vous parler, i'ay retenu son nom :
Pedro de Buffalos, il se donne du Dom,
Ie croirois pourtant bien en voyant sa personne,
Que ce Dom a besoin que quelqu'autre luy
    donne.

DOM DIEGVE.

C'est mon Cousin luy-mesme.

HELENE.

                Hé bien, ie le veux voir;
Qu'on le fasse monter, ie le veux receuoir,
Pour vous faire dépit, en homme de merite.

DOM DIEGVE.

Dieu veüille que l'amour succede à la visite !

HELENE.

O l'étrange figure !

SCENE III.

FILIPIN, DOM PEDRO DE BVFFALOS, CARMAGNOLLE, DOM DIEGVE, HELENE, PAQVETTE.

FILIPIN, ou DOM PEDRO DE BVFFALOS.

HA, pardon bel objet !
Ie pensois bien encor faire vn plus long trajet :
I'ay trauersé déja deux salles & deux chambres.
Ce logis, Dieu me sauue, a quantité de mem-
    bres,

Que dites-vous de moy, d'oſer ſans paraſol
Viſiter vn Soleil? c'eſt vn acte de fol,
Mais dans l'occaſion ie vay teſte premiere :
Quitte pour me ſaulcer vn peu dans la riuiere
En quittant vos beaux yeux qui ſont miroirs ar-
  dens ;
Hola, ie ſuis tout ſeul, Carmagnolle, mes gens.
Carmagnolle!

CARMAGNOLLE.
Monſieur.

FILIPIN, ou DOM PEDRO DE BVFFALOS.
Tien-moy bien, ie palpite,
O dangereuſe veuë! ô fatale viſite !
Couſin où prens-tu donc l'aquiline valeur ,
Qui fait que ſans ciller, ſans changer de couleur,
Sans baiſſer ſeulement à demy la paupiere,
Tu la guignes en Aigle, vne iournée entiere ?
Helas ! ie ne la voy que depuis vn moment,
Et ie me ſens déja tout ie ne ſçay comment :
Mais elle ne dit mot, me ſemble , cette belle,
I'ayme les gens d'eſprit, dy, Couſin, en a-t'elle?

DOM DIEGVE.
Et du plus raffiné.

FILIPIN, ou DOM PEDRE.
Ie luy rendray des ſoins.

HELENE.
Si ie ne vous dis mot, ie n'en penſe pas moins.

FILIPIN, ou DOM PEDRE.
Ie ne prens pas auſſi plaiſir qu'on m'interrompe ;
Vous m'aymez , n'eſt-ce pas?

DOM DIEGVE.
Ouy, ſi ie ne me trompe.

HELENE,
Qui ne vous aymeroit?

Bon, elle le prend bien!
Ha, petite ciuette ! Ha, chatte ! Ha, petit chien !
Petit chien, ce mot-là pour femme est ridicule :
Ha, pardon ! ie voulois vous nommer canicule ;
Mais vous auez bon sens, & vous sçauez fort
bien
(chien.
Qu'on nomme également femelle & mâle vn
Ha, vous m'assassinez de certaines œillades
Qui rauissent les gens en les faisant malades.
Vos yeux m'ont inspiré de certains sentimens
Qui sont fort opposez aux saincts cõmandemens.
Madame, fermez-les, fermez-les ces paupieres,
Ces assassins qui font enfler les cimetieres.
Mais ne les fermez point, brûlez, ie le veux bien,
Brûlez mon pauure cœur, ie n'y pretens plus rien:
Vous me gâtez l'esprit, ou la peste me tuë,
Et ma pauure raison de desirs combatuë,
M'oblige à vous parler en termes ambigus.
Ha, si j'auois cent yeux comme deffunt Argus,
Ou si j'estois aueugle ainsi que Tiresie,
Ou si vous auiez pris assez de maluoisie,
Et mangé tant de pain, que Ceres & Bacchus
Vous pûssent rendre enfin prenable par blocus,
Ou si ie sçauois bien ce que ie vous veux dire,
Ou si j'auois pourueu de m'empescher de rire,
Comme vous, que ie voy vos deux lévres manger,
Tant vous auez eu peur de me desobliger !
Mais riez, bel objet, riez si bon vous semble,
Et pour vous enhardir, rions, ma belle, ensemble,
C'à ie vay commencer, rions à l'vnisson :
Mon Dieu que vous riez de mauuaise façon !
Hi, hi, hi, hi, hi, hi, vous riez en guenuche,
Adorable beauté qui m'allez rendre cruche :

Ie dis vos veritez, c'eſt mon plus grand regret,
Si ie vous aymois moins, ie ſerois plus diſcret:
Mais vous venez encor, aſſaſſinante œillade,
Malgré mes beaux diſcours ſur moy battre l'eſ-
    ſtrade!
Hé, tréve de matras, ils ſont hors de ſaiſon,
Et parmy les Chreſtiens c'eſt vne trahiſon.
Ie vous le maintiendray, merueille des merueil-
    les!   (les:
Tout à l'heure en champ clos auec armes pareil-
Mais vous deliberez, & tant deliberer
Sur vn ſemblable cas, c'eſt me deſeſperer. (uice?
Hé bien, ma belle, hé bien, ſuis-je en amour no-
C'eſt le ſtile d'amour dont on vſe en Galice.
S'il n'eſt pas à la mode, il le faudra changer;
Pour vous ie feray tout, iuſqu'à me fuſtiger.

HELENE.
Ie ne veux pas de vous vne ſi rude épreuue.

FILIPIN.
Si vous me promettiez de n'eſtre jamais veufue,
Quoy que j'aye vn regard de Caton le Cenſeur,
Nous autres Buffalos ſçauons tous vn coup ſeur
Pour faire des enfans, & la generatiue
Dedans nous, fait la nique à la vegetatiue.
Eſtant generatif plus que vegetatif,
Il ne tiendra qu'à vous qu'vn nœud copulatif,
En langage moins fin que l'on nomme Hymenée,
Ne nous joigne tous deux, & dés cette journée.

HELENE.   (point.
Connoiſſons-nous deuant, & ne nous preſſons

FILIPIN.
Carmagnolle!

CARMAGNOLLE.
Monſieur.

FILIPIN.

Dégrafe mon pourpoinr,
L'amour qui dans mon cœur chante ville gagnée,
Excite en mon jabot exhalaifon ignée.

HELENE.

Vrayment, mon Caualier, ce terme de jabot
Eſt vn terme fort bas, & qui ſent le ſabot.

FILIPIN.

Vn homme comme moy peut le mettre en vſage :
Couſin, approuues-tu ce ſubit mariage ?
Dy , puis-je mieux choiſir ? Peut-elle choiſir
    mieux ?

DOM DIEGVE.

Vous montrez en cela que vous auez bons yeux :
Ie prens congé de vous, Madame.

FILIPIN, *ou* DOM PEDRE.

        Et ie demeure

Auprés de ce bel Ange.

DOM DIEGVE *tout bas à Carmagnolle.*

        Elle eſt priſe, ou ie meure.

FILIPIN, *ou* DOM PEDRE.

Carmagnolle !

CARMAGNOLLE.

Monſieur.

FILIPIN, *ou* DOM PEDRE.

        Qu'on me donne vn fauteüil,
D'où ie puiſſe aiſément faire la guerre à l'œil,
Sur ces tetons de lait, amoureuſes collines ;
Ces deux mondes jumeaux, ces boules aſſaſſines :
Carmagnolle !

CARMAGNOLLE.

Monſieur.

FILIPIN, *ou* DOM PEDRE.

        Mon rabat eſt-il bien ?

CARMAGNOLLE.

Il est bien.

FILIPIN, *ou* DOM PEDRE.

Et le reste ?

CARMAGNOLLE.

Il ne vous manque rien.

FILIPIN, *ou* DOM PEDRE.

Carmagnolle !

CARMAGNOLLE.

Monsieur.

FILIPIN, *ou* DOM PEDRE.

I'en tien, i'en ay dans l'ame.

Carmagnolle !

CARMAGNOLLE.

Monsieur.

FILIPIN, *ou* DOM PEDRE.

Ne dis plus rien. Madame,
Que dites-vous de moy ?

HELENE.

Ie dis que vous valez
Tout ce qu'on peut valoir.

FILIPIN, *ou* DOM PEDRE.

Ha ! vous me cajollez,
Et moy ie dis de vous que déja j'extrauague;
Enfin que ma raison auprés de vous naufrague.

HELENE.

Ce terme est fort nouueau.

FILIPIN, *ou* DOM PEDRE.

Ie parle élegamment,
Et non pas mon Cousin, qui parle bassement,
Ecoutez, écoutez, ie vay dire merueilles,
Vous rauissez mes yeux, défendez vos oreilles,
Si le stile est trop haut, ie l'accommoderay
A vostre connoissance, & l'humaniseray.

HELENE.

Vous me ferez plaiſir, pourueu que ie l'entende.

FILIPIN, ou DOM PEDRE.

Moitié Zone Torride, & moitié Groenlande,
Qui Torride brûlez, Groenlande glacez,
Tréve de glace & feu, c'eſt aſſez, c'eſt aſſez.
De vos regards doublez les forces agiſſantes
Font ſur mon pauure cœur impreſſiõs puiſſantes:
Mitigez-les, Madame, ou s'en faudra bien peu,
Si vous continüez, que ie ne crie au feu.   (che,
Me voila tantoſt cuit, quoy qu'auſſi dur que ro-
En donnant ſeulement encor vn tour de broche:
Et bien vous en riez?

HELENE.

                    Tout autant que ie puis.

FILIPIN, ou DOM PEDRE.

Ie diuertis toûjours les maiſons où ie ſuis,
Cependant qu'en révant mon eſprit ſe repoſe.
Carmagnolle!

CARMAGNOLLE.

Monſieur.

FILIPIN, ou DOM PEDRE.

                    Raconte quelque choſe
A Madame, fais-luy quelques contes plaiſans,
Tels que tu m'en faiſois durant mes jeunes ans:
Tu me dis quelquesfois mille coyonneries
Qui font creuer de rire: & dans tes railleries
Tu reüſſis aſſez; mais tréve du prochain,
Dis-luy que D. Diegue eſt pour mourir de faim.
Et qu'il a ſeulement pour ſa mere, ma tante,
Pour ſes ſœurs & pour luy, trois cens Ducats de
          rente,
Qu'il ne peut diſpoſer de ces trois cens Ducats,
Mais du ſeul vſufruit, ce qui n'eſt pas grand cas;

Qu'il a perdu ce bien pour mainte & mainte
 faute,
Qu'il penſoit tout auoir,& contoit ſans ſon hoſte,
Que pour auoir eſté par trop Venerien,
Ioüeur,filou,hargneux ; en vn mot,vn Vaut-rien.
Mon Oncle Dom Pelage,ayant appris ces choſes,
L'a fruſtré de ſon bien pour ces trop iuſtes cauſes,
Que ce qu'il m'a laiſſé vaut en argent contant
Trois cens mille Ducats.
   CARMAGNOLLE.
      Et les meubles autant.
   HELENE.
Vrayment , mon Caualier , vous eſtes donc bien
 riche?
  FILIPIN, ou DOM PEDRE.
Ouy , ma belle , & ſçachez ſi vous n'eſtes pas
 chiche,
De ce que ie ne veux receuoir que de vous,
Que tous mes biens ſeront en cõmun entre nous.
   HELENE.
Refuſer vn bonheur alors qu'il ſe preſente,
C'eſt n'auoir point d'eſprit.
  FILIPIN, ou DOM PEDRE.
    Ce diſcours me contente,
I'ay de plus vn procez auſſi clair que le iour ,
Qui ſera terminé bientoſt en cette Cour,
Dont j'attens force bien , c'eſt vne bonne affaire;
Eſcoutez, & voyez ſi la choſe eſt bien claire.
Mon grand pere , l'honneur de tous les Buffalos,
Vendit certaine terre au Seigneur d'Aualos.
A quelque temps de là cette terre venduë (duë
Deux cens deux mil écus, dont la ſomme eſtoit
A mon Oncle, de qui les enfans heritiers
S'oppoſans au decret ſeulement pour vn tiers,

Ma tante mariée auec vn Aquauiue,
Obtint contre l'arreſt ſentence infirmatiue :
Par retrait lignager forme oppoſition,
Et reprend tout le bien ; mais par intruſion,
La choſe n'eſtant pas encore homologuée,
Ie dis que la Coûtume eſt fort mal alleguée,
Et que j'y dois rentrer. I'ay ſçeu d'vn Aduocat
Que le procez pourtant eſtoit fort delicat ;
Mais j'ay de bons amis , & ie ſçay la chicane.
Trouuez-vous cette affaire obſcure ou dia-
    phane ?

HELENE.

Ie ne l'entens pas bien.

FILIPIN, ou DOM PEDRE.

             En bonne verité
I'y trouue comme vous beaucoup d'obſcurité,
Par mon Solliciteur ie vous la feray dire.
Carmagnolle !

CARMAGNOLLE.

Monſieur.

FILIPIN, ou DOM PEDRE.

             Approche, ſçais-tu lire?

CARMAGNOLLE.

Ouy, Monſieur.

FILIPIN, ou DOM PEDRE.

      Tu ſçais donc combien i'ay de magots?

CARMAGNOLLE.

Trente.

FILIPIN, ou DOM PEDRE.

      Et de perroquets?

CARMAGNOLLE.

Autant.

FILIPIN, ou DOM PEDRE.

            Et de lingots?

CARMA-

CARMAGNOLLE.

Ie n'en ſçay pas le nombre.

FILIPIN, *ou* DOM PEDRE.

Et l'eſcarboucle fine?

CARMAGNOLLE.

C'eſt vn riche treſor, vne pierre diuine.

FILIPIN, *ou* DOM PEDRE.

Mon Oncle la trouua chez Attabalippa,
Elle eſtoit à Ganac, fils de Gainaccappa,
Qui ſe fit baptiſer, & fut appellé George.
Foin, ces noms Indiens me font mal à la gorge.
I'ay de fort beaux rubis, dont ie fais fort grand cas.

CARMAGNOLLE.

Et deux cens diamans.

FILIPIN, *ou* DOM PEDRE.

Ie ne m'en ſouuiens pas.

CARMAGNOLLE.

Ny moy, de ces rubis.

FILIPIN, *ou* DOM PEDRE.

Ce chien de Carmagnolle
Se fâche bien ſouuent pour la moindre parole :
Mais ie vay receuoir quatorze mille écus.
Adieu beaux yeux brillans, dont les miens ſont
vaincus,
Ne vous ennuyez point, belle en charmes fertile,
Que nous aurons d'enfans ſi vous n'eſtes ſterile !
En cas, cela s'entend, que ie ſois voſtre époux.

HELENE.

Cela pourra bien eſtre.

FILIPIN, *ou* DOM PEDRE.

Il ne tiendra qu'à vous.

PAQVETTE.

Quoy, vous voulez, Madame, apres vn D. Diegue,
Choiſir vn Campagnard; & de plus, vn Gallegue?

C

HELENE.

Quand il eft queftion d'établir mòn repos,
M'iray-je embaraffer d'vn gueux mal à propos?

PAQVETTE.

Vn mary jeune & beau, vaut bien la bonne chere:
Le plaifir vaut l'argent, i'ay oüy dire à ma mere,
Lors qu'à mes grandes fœurs elle faifoit leçon,
Qu'il faut choifir roûjours jeune chair, vieux
      poiffon: (d'autres;
Dieu veüille auoir fon ame, elle en fçauoit bien
Ie me fouuiens qu'vn iour difant fes patenoftres,
Elle vint à parler du plaifir de la chair;
Où repentir, dit-on, fuis toûjours le pecher.

HELENE.

Hé bien, que diras-tu? ne te veux-tu pas taire?

PAQVETTE.

Alors que i'ay raifon, i'ay bien peine à le faire.
Madame, encore vn mot, puis apres ie me tais.

HELENE.

Dis-en trois fi tu veux, & puis me laiffe en paix.

PAQVETTE.

I'accepte le party; fçauez-vous bien, Madame,
Que ce nouueau galand fentoit l'ail, fur mon ame?

HELENE.

Opulent comme il eft, moy n'ayant point de
      bien,   (rien,
Il eft bien mieux mon fait, que quelque bon à
Ie l'auray dans fix mois de bien fou, fait bien fage,
Et changeray bien-toft fa mine & fon langage.

PAQVETTE.

Et moy dedans fix mois ie luy ferois porter....

HELENE.

Si ie prens vn bâton, ie t'iray bien frotter.

Fin du troifiéme Acte.

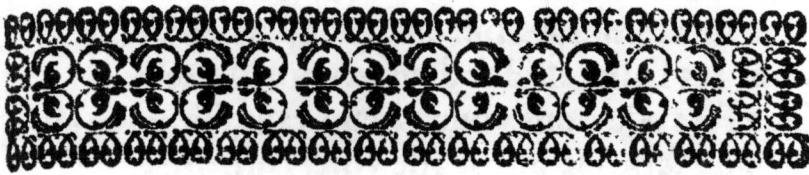

ACTE IV.

SCENE PREMIERE.

DOM DIEGVE, LEONOR.

DOM DIEGVE.

LA chose s'est passée ainsi que ie le dy.

LEONOR.

Vrayment elle est plaisante, & le tour
bien hardy.
Ie voudrois qu'autrement elle se fust passée,
Et ie sçay ce que peut vne femme offensée.

DOM DIEGVE.

Offensée ou contente, & moy ie sçay fort bien
Que n'estant plus qu'à vous, elle ne tient plus rien.

LEONOR.

Ie n'ay pas iusqu'icy grand sujet de le croire.

DOM DIEGVE.

Et moy i'en ay beaucoup de perdre la memoire
D'vne auare beauté qui se mocque de moy,
Et de vous consacrer mon amour & ma foy.

LEONOR.

Le temps découurira la verité des choses.

DOM DIEGVE.

Ie vous ayme, & la hais pour de trop iustes
causes;

C ij

Pour auoir à chercher l'assistance du temps.
Si ie suis remarquable entre les plus constans
Pour les soins assidus d'vn immuable zele,
Que feray-je pour vous, ayant tant fait pour elle?
Que ne feray-je point, de vous fauorisé,
Si i'ay tant fait pour elle, en estant abusé ?
Mes seruices rendus, dont maintenant i'ay honte,
Selon toute équité doiuent entrer en conte.
Chez l'ingrate j'ay fait mon approbation,
I'auray de vous le prix de mon affection :
Ne differez donc point.

     B E A T R I S.
       Vostre Madame Helene
Demande à voir Madame.

    D O M   D I E G V E.
        Et sa fiévre quartaine,
Et que vient-elle faire?

    L E O N O R.
       Elle vient vous chercher.

    D O M   D I E G V E.
Ie ne le pense pas.

    L E O N O R.
     Allez tost vous cacher
Dedans mon cabinet.

    D O M   D I E G V E.
      Que ie la donne au diantre,
Et du bon de mon cœur.

    L E O N O R.
     Cachez-vous donc, elle entre.

SCENE II.

HELENE, LEONOR, PAQVETTE.

HELENE.

VOus voyez comme quoy ie cultiue auec soin
L'honneur de vous connoistre.

LEONOR.

Il n'estoit pas besoin
Pour si peu de sujet de prendre tant de peine:
Mais les ciuilitez de la charmante Helene
Sont toutes dans l'excez, & c'est me reprocher
Que m'ayant obligée, il falloit rechercher
Dés aujourd'huy l'honneur de la voir la premiere:
Accordez vn pardon à mon humble priere,
Vous verrez par les soins que ie veux prendre
exprés,
Qu'il est bon de faillir, pou..ire mieux apres;
Vostre bonté pourtant en m'obligeant m'afflige.

HELENE.

Quãd on vous fait plaisir, soy-mesme l'on s'oblige,
Pour le peu que i'ay fait tant de remerciment
Me fait voir ma foiblesse assez adroitement:
Mais si ie l'auois pû, j'aurois fait dauantage.

LEONOR.

L'interpretation sensiblement m'outrage,
Ie ne conteste pas auec vous de l'esprit:
La conuersation de l'autre iour m'apprit

C iij

Cōbien vous en auez, & que jointe à vos charmes,
Personne contre vous n'a d'assez fortes armes.

BEATRIS.

Madame.

LEONOR, *elle parle à l'oreille.*

Approchez-vous ; est-il déja là bas?

BEATRIS.

Ouy, Madame.

LEONOR.

A l'instant ie reuiens sur mes pas,
Vous me pardonnez bien vne faute si grande,
C'est vn Oncle Tuteur qui là bas me demande.

HELENE.

Nous ne sommes icy que pour vous obeïr.

LEONOR.

Pour cét acte inciuil vous me deuiez haïr.
Mais vous excuserez, comme vous estes bonne,
Vne necessité.

HELENE.

L'excellente personne
Que cette Leonor!

PAQVETTE.

Chacun en dit du bien.

HELENE.

Sa chambre est magnifique.

PAQVETTE.

Elle n'épargne rien
Pour estre bien meublée.

HELENE.

Approche-toy, Paquette,
L'agreable tapis pour estre de moquette,
Ce cabinet est riche, & plein de bons tableaux.

PAQVETTE.

Ie ne sçay s'ils sont bons, mais ie les trouue beaux.

HELENE.

N'y vois-je pas quelqu'vn ? quel homme pour-
roit-ce eftre ?

PAQVETTE.

C'eft vn que vous deuez, me femble, bien connoiftre.

HELENE.

Mendoce?

PAQVETTE.

C'eft luy-mefme.

HELENE.

Ha, le traiftre, c'eft luy !

Qui l'auroit jamais dit ?

PAQVETTE.

En fortant aujourd'huy

Il paroiffoit fâché : vous en fçauez la caufe.

LEONOR.

Ie reuiens, mõ tuteur ne vouloit pas grand' chofe:
Vous auez mal paffé le temps.

HELENE.

Vous vous trompez,

Les fens ne font icy que trop bien occupez;
Ce cabinet eft plein de peintures fort belles,
Qui diuertiffent bien.

LEONOR.

I'en ay de telles-quelles.

HELENE.

Sont-elles d'Italie ? & font-ce originaux?
Vous auez vn portrait pourtant que ie tiens faux,
Qui fut long-temps à moy, mais ie m'en fuis
deffaire :
Cõment auez-vous fait cette mauuaife emplette ?

LEONOR.

Vous y connoiffez-vous?

HELENE.

               Ie m'y connois fort bien.

LEONOR.

Ne vous y trompez plus , vous n'y connoissez
   rien,
Le portrait est de prix,& vaut bien qu'on le garde,
Vne ame genereuse à la bonté regarde,
Ne fut-il que passable, estant sans interest,
Ie l'aymeray toûjours à cause qu'il me plaist:
Aymer pour le profit , c'est estre mercenaire.

HELENE.

Courir sur le marché d'vn autre , est-ce bien
   faire ?

LEONOR.

Courir apres l'argent, ce n'est pas faire mieux.

HELENE.

C'est a uoir le goust bon.

LEONOR.

              Et de fort mauuais yeux,
De mépriser la forme & choisir la matiere.

HELENE.

Vostre portrait en l'vn & l'autre ne vaut guere.

LEONOR.

Peut-estre en auez-vous tâté ; car autrement
Vous ne parleriez pas de luy si hardiment.

HELENE.

Ie ne tâte jamais d'vne chose mauuaise.

LEONOR.

Vous estes delicate , & moy ie suis bien aise
Aux dépens de mon goust de croire en tout hon-
   neur,
Qui dans la vertu seule établit le bonheur.

HELENE.

Vous estes bien parfaite.

LEONOR.
Et point du tout auare.
HELENE.
C'eſt trop voir pour vn coup vne Dame ſi rare.
Paquette, ſuiuez-moy.
LEONOR.
Ie vous viſiteray.
HELENE.
Vous pouuez mieux paſſer le temps.
LEONOR.
Ie vous croiray.
Madame, encore vn mot.
HELENE.
Parlez viſte, i'ay hâte.
LEONOR.
Vn portrait de Prouince en peu de temps ſe gâte,
La pluſpart en ſont faux : ſans les bien éplucher,
N'en acquerez jamais.
HELENE.
Et vous ſans le cacher
Ne retenez jamais ce qu'il faut que l'on ſçache.
LEONOR
Voſtre face eſt en feu,quelque choſe vous fâche.
HELENE.
Ie rougis, mais de vous.
LEONOR.
De moy ? ie le veux bien;
Et moy ie ris de vous, pour ne vous deuoir rien.
BEATRIS.
Ha ! Madame, elle enrage.
LEONOR.
Et moy ie ſuis rauie,
Ie ne paſſay jamais mieux le temps de ma vie:
Mais Dom Diegue a tort, il ſe deuoit cacher.
C v

BEATRIS.

L'auanture est pour rire, & non pour se fâcher.

LEONOR.

Dom Diegue!

DOM DIEGVE.

Madame.

BEATRIS.

Elle s'en est allée,
Madame l'a, me semble, assez mal consolée
De vous auoir perdu.

DOM DIEGVE.

Comment?

BEATRIS.

On vous a veu.

DOM DIEGVE.

Ha! Madame, pardon, surpris au dépourueu,
Si jamais ie le fus, sans songer à la porte,
I'ay gagné vostre Alcove.

LEONOR.

Il n'importe, il n'importe,
Ie m'en vay vous conter tout ce qu'elle m'a dit:
Mais ie n'ay rien voulu prendre d'elle à credit,
Ie l'ay bien-tost payée en la mesme monnoye.
O le facheux objet que le malheur m'enuoye!
Adieu, ie me retire.

Elle s'enfuit dans son Cabinet.

SCENE III.

DOM IVAN, DOM DIEGVE, LEONOR.

DOM IVAN.

HE´, de grace, arreſtez;
I'ay donc toûjours pour moy des inciuilitez,
Et ie verray toûjours fauoriſer les autres?
Mais il m'importe peu, ie ne ſuis plus des vo-
　　ſtres,
Vous ne me verrez plus embraſſer vos genoux.

DOM DIEGVE.

I'eſtois icy venu pour luy parler de vous :
Mais i'ay perdu ma peine, elle eſt toûjours la
　　meſme,
Et pour vous ſa rigueur, ie l'auouë, eſt extréme.

DOM IVAN.

Il m'eſt indifferent qu'elle ſoit douce ou non,
I'en veux tout oublier, & ſi ie puis, le nom :
Et c'eſt-là le ſujet qui chez elle m'amene.
I'ay deſſein de ſeruir cette Madame Helene,
Que vous connoiſſez tant, & qui la retira
Chez elle, quand l'ingrate enfin me declara
Qu'elle ne m'aymoit point, depuis cette iournée
I'ay reſolu d'aymer quelque Dame bien née,
Et qui reconnoiſtra la conſtance & la foy
D'vn homme de merite, enfin fait comme moy.

C vj

Ie ne le fis jamais, vous perdez voftre peine,
Il laiffera la vie, ou bien l'amour d'Helene.

DOM DIEGVE.

D. Iuan, croyez-moy, le cas eft bien douteux.
Faites plus fagement, attendez le boiteux :
Sur le moindre incident on rompt vn mariage.

DOM IVAN.

Et durant ce temps-là, que fera mon courage?

DOM DIEGVE.

Ie vous en auertis, mon coufin fe bat bien.

DOM IVAN.

Et moy, me bats-je mal?

DOM DIEGVE.

Vous n'y gagnerez rien.

DOM IVAN.

Y gagner de l'honneur auec vne Maiftreffe,
N'eft-ce pas bien gagner ? adieu, le temps me
preffe,
Ie m'en vais de ce pas m'affeurer de mes gens.

DOM DIEGVE.

Ie t'étrilleray bien tantoft, malgré tes dents.
Leonor fort de fon Cabinet.
Auez-vous entendu ce qu'il m'eft venu dire ?

LEONOR.

Ouy, j'ay tout entendu.

DOM DIEGVE.

Ie croy que le bon Sire
Auoit pris de fon vin : il me fâcheroit fort,
Comme il fera tantoft fans doute le plus fort,
S'il battoit mon laquais : j'y donneray bon or-
dre,
Et j'empefcheray bien ce gros matin de mordre.
Il les fera beau voir, mon valet eft poltron,
L'autre ne l'eft pas moins, pour eftre fanfaron.

Bon, voila Roquespine, il vient à la bonne heure,
Va querir vne épée, & choisis la meilleure,
Prend ma jaque de maille, & ma rondelle aussi,
Et reuiens vistement me retrouuer icy.

ROQVESPINE.

Suis-je de la partie?

DOM DIEGVE.

Et pourquoy non ? apporte
Ce qu'il faut pour nous battre, & de la bonne sorte.

ROQVESPINE.

Vous me verrez icy dans vn petit moment.

LEONOR.

M'aymez-vous, Dom Diegue?

DOM DIEGVE.

Ouy, tres-asseurément.

LEONOR.

Ne vous parjurez point : ie croy bien le contraire.
Puis que vous m'aimez bien, comment pouuez-
vous faire
De semblables desseins, encore deuant moy?

DOM DIEGVE.

Ie fay voir mon amour, faisant ce que ie doy,
C'est vous meriter peu que d'estre sans courage.

LEONOR.

O l'étrange discours à quoy l'amour m'engage!
Ie rougis ; ha ! mon Dieu, ne me regardez point:
I'aime bien Dom Diegue, & ie l'aime à tel point,
Que pour le conseruer, ie ne veux plus rien dire,
Ie n'en ay que trop dit : adieu, ie me retire.

DOM DIEGVE.

Ha ! Madame, acheuez le discours commencé :
Il estoit obligeant, mais vous l'auez laissé. (ne,
Puis qu'en si peu de temps vous changez ma fortu-
C'est apres auoir plû ; signe, que j'importune:

Ie ne le cele point , de tel mal combatu
Mon cœur defefperé manquera de vertu.
Ie redoute bien moins vne ame de Tygreffe,
Que l'inégalité d'vne belle Maiftreffe.
De ce charmant difcours , qui vous a détourné?
Il promettoit beaucoup, mais il n'a rien donné.

LEONOR.

S'il a promis beaucoup, ie tiendray fa promeffe,
Si j'auois moins d'amour , j'aurois moins de foi-
    bleffe :
Puis que voftre courage étonne mon amour,
Ne fe hafarder point , c'eft bien faire fa cour.

DOM DIEGVE.

Si ce grand Fanfaron par malheur alloit battre
Mon laquais,il faudroit l'affommer ou combattre;
Ie hafarde bien moins , empefchant fon deffein.

LEONOR.

On ne conferue pas vn jugement bien fain,
Quand on a de l'amour ; mais fouuent le courage
L'emporte deffus luy , fans eftre le plus fage.

DOM DIEGVE.

Ie crain trop de mourir,puis que ie vous fuis cher:
Si ie fais jamais rien qui vous puiffe fâcher,
Ne me fouffrez jamais : mais voicy Roquefpine.

LEONOR.

Ha ! tout cet attirail de guerre m'affaffine;
Ce que vous m'auez dit, ne me peut r'affeurer.
Adieu, cruel , adieu , ie me vay retirer.

DOM DIEGVE.

Madame, encore vn mot.

LEONOR.

          Non, méchant, ie vous laiffe:
Ie ne fçaurois vous voir fans mourir de trifteffe.

Elle s'en va.

SCENE IV.

D. DIEGVE, ROQVESPINE.

DOM DIEGVE. *Ils s'arment en marchant.*

Qvelle heure est-il?
ROQVESPINE.
Il est bien tard.
DOM DIEGVE.
Depeschons-nous,
Que j'auray de plaisir à voir battre ces fous !
ROQVESPINE.
Ie sçay fort bien que l'vn n'est pas homme à se
battre.
DOM DIEGVE.
L'autre ne se fait pas non plus tenir à quatre.
ROQVESPINE.
Ie voy venir quelqu'vn.
DOM DIEGVE.
Tout beau, c'est D. Iuan,
Dom Iuan se cache.
Où diable ira nicher ce braue chat-huan,
Et comment est-il seul?
ROQVESPINE.
C'est qu'il ne veut rien faire
Au salut de son corps qui puisse estre contraire,
Il ne veut estre icy que paisible Auditeur.
DOM DIEGVE.
Il paroissoit tantost l'Ange exterminateur.

Ils se cachent.

Chut, j'entens la musique, entrons en cette porte:
Filipin s'est armé d'vne plaisante sorte.

SCENE V.

FILIPIN, *ou* DOM PEDRE,
D. DIEGVE , ROQVESPINE,
D. IVAN, LES MVSICIENS.

FILIPIN, *ou* DOM PEDRE.

POsons aupres de nous rondache & morion,
Afin de les trouuer en toute occasion:
Nous commençons trop tost, l'heure est, me sem-
ble, induë:
I'ay peur que la musique estant trop entenduë,
Il ne tombe sur nous quelque défluxion,
Ou se fasse sur nous quelque profusion.
Ie me sens dedans moy quelque esprit propheti-
que,
Qui m'effraye & me dit, Malheur sur ta musique!
Les gens de ce quartier ne sont pas endormis,
Et tu pourrois trouuer icy des ennemis :
Mais au nom de Dieu soit, commençons.

DOM DIEGVE.
                                    Roquespine,
Ils s'en vont bien crier, au meurtre, on m'assassine!
Va chercher Filipin, quand ils auront finy ,
Ie vais à Dom Iuan rendre le teint terny,
Et peut-estre donner à son dos platassades,

ROQVESPINE.

I'en pretens faire autant aux donne-serenades.

FILIPIN.

Commençons.   DOM DIEGVE.

Taisons-nous, ils s'en vont commencer.

SERENADE.

Beauté qui m'assassinez,
Et dont l'œil dessus mon cœur s'acharne,
Ta lucarne
Me deuroit montrer ton nez;
Helas! ie suis pour luy,
Iour & nuit dans l'ennuy.
Belle aurore,
Ie t'adore,
Ie t'honore,
Exhibe-toy,
Ou bien c'est fait de moy.
    Pour détourner ce méchef,
Montre-toy, venerable Comete,
En cornette,
Ou bien prend ton couure-chef;
Si ton temporiser
Me fait agoniser,
Ie trepigne,
Ie rechigne,
Ie t'échigne,
Et dés demain
Tu sentiras ma main.
    Foy de parfait quinola,
Nostre main n'est pas si temeraire,
Que de faire
A ton nez,
Cét affront-là.

Non, non, ie m'en dédis,
Ie suis ton Amadis,
Ma levrette,
Ma ciuette,
Ma friquette,
Soit douce ou non,
Ie trouueray tout bon.

FILIPIN, ou DOM PEDRE.

Estes-vous là, charmante étoille poussiniere,
Plus fraische mille fois que la fleur matiniere?
Estes-vous en cornette, ou bien escoffion?
Auez vous entendu vostre braue Amphion.

D. Diegue va charger Dom Iuan, & se retire
en son poste.

DOM IVAN.

Ie ne puis plus souffrir.

DOM DIEGVE.

Demeure, ou ie t'assomme.

Roquespine va charger Filipin, & se retire en son poste.

FILIPIN, ou DOM PEDRE.

Helas! j'entens du bruit, & si ie vois vn homme.

ROQVESPINE.

Rens l'épée.

FILIPIN, ou DOM PEDRE.

Et le casque, & la rondelle aussi.
Mes compagnons sont prests d'en vser tout ainsi:
Mais il s'enfuit, courage, il me le faut poursuiure,
Pour faire le vaillant.

DOM IVAN.

Le bon Dieu me deliure
D'vn dangereux pendart; mais, helas! le voila.

FILIPIN, ou DOM PEDRE.

Ha! c'est de moy qu'il parle, alors qu'il s'en
alla.

Ie deuois ne bouger, comme vn homme bien
ſage.
Si j'eſtois confeſſé...

DOM IVAN.

l'ay trop crû mon courage.

DOM DIEGVE.

Les voila dos à dos, ils ne ſe feront rien.

ROQVESPINE.

Pour faire vn homicide ils ſont trop gens de
bien.

FILIPIN, ou DOM PEDRE.

Helas, ie ſuis gâté !

DOM IVAN.

Malheureuſe embuſcade!

FILIPIN, ou DOM PEDRE.

Si jamais à putain ie donne ſerenade...

L'épée de D. Iuan ſe choque auec celle de D. Pedre.

DOM IVAN.

Ie demande là vie.

FILIPIN, ou DOM PEDRE.

Et moy certes auſſi.
L'amy, fay rien, fay rien.

DOM DIEGVE.

Caualiers, qu'eſt-ce-cy,
Vous vous entr'aſſommez!

FILIPIN, ou DOM PEDRE.

Helas! tout au contraire,
Nous nous entre-ſauuons.

DOM DIEGVE.

Vous ne pouuez mieux faire.

FILIPIN, ou DOM PEDRE.

Mon couſin, eſt-ce vous?

DOM DIEGVE.

Moy-meſme.

FILIPIN, ou DOM PEDRE.

Vn aſſaſſin
A bien penſé gâter voſtre braue Couſin ;
Mais certes la valeur qui toûjours m'accompagne,
A pied comme à cheual iour & nuit en campagne,
Comme dedans la ruë, a fait doubler le pas
A ce larron d'honneur que ie ne connois pas :
Ha, ſi ie puis voir clair en cette action noire...

DOM IVAN.

Ie vay vous reueler le ſecret de l'hiſtoire.
Certain Duc eſt l'autheur de ce noir attentat,
Pour certaines raiſons, & d'amour & d'Eſtat.
Ce bon Duc, qui n'a pas l'ame des plus guerrieres,
Qui me craint, & me hait, & que ie n'ayme gue-
      res,
Comme ie m'amuſois apres certain concert,
A penſé pour le coup que j'eſtois pris ſans vert.
Il s'eſt jetté ſur moy, ſuiuy de trois ou quatre ;
Mais ie n'ay pas laiſſé toutesfois de les battre,
A l'ayde de Monſieur, & ſans eſtre bleſſé :
Et c'eſt de la façon que le tout s'eſt paſſé.

FILIPIN, ou DOM PEDRE.

Et c'eſt de la façon que l'on ment par la gorge.

DOM DIEGVE.

C'eſt eſtre auſſi vaillant, que le Cid, que ſaint
      George.
Il prend à part Dom Diegue.

DOM IVAN.

Vous eſtes mon amy, ie ſuis homme d'honneur ;
Ie vous auois parlé tantoſt auec chaleur :
Mais j'ay ſongé depuis que la plus douce voye
Eſt toûjours la meilleure, & c'eſt auecque joye
Que renonçant pour vous à mon reſſentiment,
Suiuant voſtre conſeil, j'agiray doucement.

Mais vous deuez auſſi tenir voſtre promeſſe,
Et voir ſans y manquer dés demain ma maiſtreſſe.
Vous ſçauez mon merite, & vous ſçauez mon
  bien,
Et comme en l'épouſant, mon bonheur eſt le ſien,
Que tout le monde m'ayme, on me craint, on
  m'eſtime ;
Et qu'eſtant Eſpagnol, ie ſuis fils legitime
De cette valeur rare, & de tant de vertus
Dont toûjours les Heros ont eſté reueſtus.
Ie vous en dirois plus : mais vous ſçauez le reſte,
Et que tout mon deffaut eſt d'étre trop modeſte :
Adieu, ie vay chercher encore à dégainer,
Car ie n'ay fait, me ſemble, icy que badiner,
Et ſi ie n'ay fourny matiere à funeraille,
Tant que dure la nuit, ie ne dors rien qui vaille.
    Il s'en va.
  FILIPIN, ou DOM PEDRE.
Et moy ſi l'on pouuoit ne point funerailler,
Ie ne ferois, ma foy, jamais que batailler ;
Mais parce que le combat engendre funeraille,
Alors que ie combats, ie ne fais rien qui vaille.
   DOM DIEGVE.
Fera-t'il ce qu'il dit ?
   ROQVESPINE.
    Il ne le fera point,
Le Sire a trop grand ſoin du moule du pourpoint.
   DOM DIEGVE.
O ! que j'eſtois tenté par quelque eſtafilade
Deuenir ſon orgueil, & ſa fanfaronnade.
  FILIPIN, ou DOM PEDRE.
C'eſt le plus grand poltron qui...
   DOM DIEGVE.
    L'eſt-il plus que toy?

FILIPIN, *ou* **DOM PEDRE.**

Plus que moy mille fois.

DOM DIEGVE.

Sans jurer, ie le croy.

Or ça, parlons vn peu de noſtre Dame Helene.

FILIPIN, *ou* **DOM PEDRE.**

Nous épouſons demain.

DOM DIEGVE.

Demain?

FILIPIN, *ou* **DOM PEDRE.**

Choſe certaine,

Nous auons dés tantoſt ordonné des habits,
Des eſclaues ; caroſſe.

DOM DIEGVE.

Ha! ce que tu me dis

Ne peut s'imaginer.

FILIPIN, *ou* **DOM PEDRE.**

Vous le pouuez bien croire.

DOM DIEGVE.

Allons, chemin faiſant, tu m'apprendras l'hiſtoire.

Fin du quatriéme Acte.

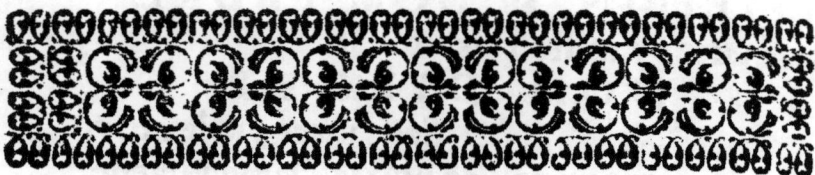

ACTE V.

SCENE PREMIERE.

FILIPIN, ou DOM PEDRE, PAQVETTE.

FILIPIN.

OV diable est donc Madame?

PAQVETTE.

Elle viendra bien-tost.

FILIPIN.

Ma Paquette!

PAQVETTE.

Monsieur.

FILIPIN.

Le diray-je tout haut?

PAQVETTE.

Puis que nous sommes seuls, vous le pouuez bien
dire.

FILIPIN.

Ma Paquette, sçais-tu que j'ayme bien à rire?
Ta maistresse me rend l'esprit tout serieux.
Pour te dire le vray, ie t'aymerois bien mieux.

PAQVETTE.

Vous vous pésez mocquer parmy des Damoiselles,
Telles que ie puis estre, on en voit d'aussi belles

Que

Que ces Dames de prix, en qui fouuent, dit-on,
Blanc, perles, coques d'œuf, lard & pieds de mou-
   ton,
Baume, lait virginal,& cent mille autres drogues,
De teftes fans cheueux auffi rafes que gogues,
Font des miroirs d'amour, de qui les faux appas
Eftallent des beautez qu'ils ne poffedent pas.
On les peut appeller, vifages de mocquette,
Vn tiers de leur perfonne eft deffous la toillette:
L'autre dans les patins, le pire eft dans le lit :
Ainfi le bien d'autruy tout feul les embellit.
Ce qu'ils peuuent tirer de leur propre Domaine,
C'eft chair molle, gouffet aigre,mauuaife haleine;
Et pour leurs beaux cheueux, fi rauiffans à voir,
Ils ont pris leur racine en vn autre terroir.
Ils font le plus fouuent des plantes tranfplantées,
Qu'on applique auec art fur teftes edentées.

FILIPIN, ou DOM PEDRE.

Paquette,ma Paquette, où prens-tu tant d'efprit?
Aymes-tu quelque Autheur, lors que ton œil me
   prit
Ie te foupçonnois bien d'auoir l'efprit allerte;
Mais de l'auoir fi bon,ha!c'eft trop pour ma perte!
Ie veux rompre aujourd'huy bien plûtoft que de-
   main,-
Aueeque ta Maiftreffe, & te donner la main.
Mais la voicy venir.

SCENE II.

HELENE, FILIPIN, PAQVETTE.

HELENE.

IE vous ay fait attendre,
Vous me le pardonnez, j'auois visite à rendre
A certaine Duchesse, à qui ie dois beaucoup.

FILIPIN.

Ma belle Tramontane, hé bien, est-ce à ce coup,
Que l'hymen ayant joint Dom Pedre, & Dame
   Helene,
De leur congrez fecond viendra la digne graine?
Laquelle pullulant en ce puissant Estat,
Soûmettra tout le monde à nostre Potentat?

HELENE.

Puisque vostre vertu m'a tout à fait acquise,
Ma volonté doit estre à la vostre soûmise.

FILIPIN.

Ie n'ay presentement que dix mille Ducats,
Vn faquin de Facteur, dont j'ay fait quelque cas,
Et que pour sa paresse, il faut casser au gage,
Me fait de jour en jour attendre, dont j'en-
   rage :
M'écrit, qu'à la monnoye on agit lentement,
A cause que l'on sert le Roy premierement,
Et que son Commissaire enleue de Seuille
Autant de patagons qu'on fait en cette ville.

HELENE.

Cette guerre de Flandre enleue tout l'argent.

FILIPIN.

Il me promet pourtant d'estre plus diligent,
Et d'enuoyer bien-tost vne notable somme.
Vous pouuez cependant rauir d'aise vn pauure
    homme,
Qui ne vit depuis peu que d'expectation,
Comme les sots de Iuifs font apres leur Sion :
Helas! dans peu de jours, ie vay mourir par braise,
Au lieu qu'vn prompt Hymen me fera mourir
    d'aise.
Quatre ou cinq mille écus en velours & tabis,
Suffiront, ce me semble, à faire des habits,
La carosse, le train, & tout nostre équipage,
Se feront à loisir apres le mariage,
Lors que j'auray receu la somme que j'atten,
Et quelques diamans : au reste ie preten
Que les couleurs seront, selon ma fantaisie,
Et que l'étoffe aussi sera de moy choisie.

HELENE.

Auecque vous, Monsieur, ie renonce à mon choix.

FILIPIN.

Vous aurez douze habits, c'est à dire vn par mois.
Que l'orengé pastel est couleur agreable!

HELENE.

On ne s'habille plus d'vne couleur semblable.

FILIPIN.

Et zinzolin, Madame?

HELENE.

       Il n'est plus de saison.

FILIPIN.

I'ayme cette couleur qu'on dit, merde-d'oyson:
Elle réjouyt l'œil.

HELENE.

Ce n'est donc qu'en Galice.

FILIPIN.

Vne robe de peau, couleur de pain d'épice,
Qu'vn drap marbré bien chaud, doubleroit pour
l'hyuer,
Auec trois passe-poils, jaune, minime, & vert,
Qui feroient ce qu'on dit, Pistache ou bien Pista-
gne,
Seroit le vétement le plus riche d'Espagne.

HELENE.

Enuoyez-moy l'argent, tout sera bien choisi.

FILIPIN.

On me fait vn pourpoint de velours cramoisi,
Dont les chausses seront de satin tristamie.

PAQVETTE.

Dom Diegue est là-bas.

FILIPIN.

La fortune ennemie
Assez mal à propos m'enuoye vn importun.

HELENE.

Ne le verrez-vous point?

FILIPIN.

Ce me seroit tout vn
S'il ne m'auoit point fait vne supercherie
Sous mon nom. Il m'excroque vne Commande-
rie,
Et retient mes papiers apres cét acte noir.
Vous me pardonnerez si ie ne le puis voir,
Il nous faudra sans doute enfin tirer la lame.

HELENE.

Entrez dans mon Alcove.

FILIPIN.

Et de bon cœur, mon ame!

Quand il fera forty , faites-le moy fçauoir,
Coupez court auec luy.

HELENE.

I'y feray mon pouuoir.

SCENE III.

DOM DIEGVE, HELENE.

DOM DIEGVE.

Madame, ce n'eft pas l'amour qui me r'a-
meine :   (peine.
Ie perdrois prés de vous , & mon temps & ma
Ie viens vous propofer vn homme pour époux,
Que vous confefferez eftre digne de vous ;
Dom Iuan Bracamont.

HELENE.

Brifons-là , ie vous prie.

DOM DIEGVE.

Depuis quand faites-vous fi fort la rencherie?
Il eft riche, Madame.

HELENE.

Eftant de voftre main,
Il me feroit fufpeĉt.

DOM DIEGVE.

C'eft mon coufin germain,
Qui regne en voftre cœur comme vn clou chaffe
l'autre.

HELENE.

C'eft ce que vous voudrez.

DOM DIEGVE.

Il y va trop du voſtre,
De prendre vn Campagnard tout opulent qu'il eſt.

HELENE.

Tant moins vous l'eſtimez, d'autant plus il me
plaiſt.

DOM DIEGVE.

Vous l'aymez donc, Madame?

HELENE.

Et de plus, ie l'épouſe.

DOM DIEGVE.

Que le Ciel me faiſant d'vne humeur peu jalouſe,
M'a fait vn riche don, quoy qu'il m'ait fait ſans
(bien.

HELENE.

Aupres de Leonor il ne vous manque rien.

DOM DIEGVE.

Il eſt vray, mais pourtant, ie crains qu'elle n'a-
prenne
Que ie ſuis venu voir la nompareille Helene.

HELENE.

Le peril n'eſt pas grand pour vous,

DOM DIEGVE.

Il le ſeroit,
Si j'eſtois aſſez riche.

HELENE.

On vous enſeueroit,
Si Dieu vous auoit fait ce que vous penſez eſtre.

DOM DIEGVE.

Il m'a fait trop de grace, en me faiſant connoiſtre
Que pour vous eſtre cher, il faut n'étre pas gueux.

HELENE.

Vous diriez bien plus vray, ſi vous diſiez, fâcheux.

DOM DIEGVE.

Ie me voy ſur le point de l'eſtre dauantage.

HELENE.

Et comment ferez-vous?

DOM DIEGVE.

Rompant vn mariage.

HELENE.

Le mien ?

DOM DIEGVE.

Le voſtre meſme.

HELENE.

Et quelle authorité

Pretendez-vous ſur moy ?

DOM DIEGVE.

C'eſt par ſincerité
Que ie veux empeſcher l'inégal Hymenée,
Qui joindroit à ce fat vne Dame bien née,
Dom Buffalos n'eſt pas tout ce que vous penſez;
Vous le croyez bien riche , il ne l'eſt pas aſſez.

HELENE.

Que vous auez en vain la teſte embaraſſée !

DOM DIEGVE.

Pour vous perdre d'honneur vous eſtes bien preſ-
ſée.

HELENE.

Ie pourrois aiſément me paſſer de vos ſoins.

DOM DIEGVE.

Ie n'en aurois pas tant ſi ie vous aymois moins.

HELENE.

Et moy,pour vous môtrer côbien ie vousredoute,
Dans vne heure au plus tard , ie l'épouſe.

DOM DIEGVE.

Sans doute?

HELENE.

Il n'eſt rien de plus ſeur , & ie fais plus encor,
Nous aurons pour témoins , & vous & Leonor,

D iiij

Il m'est indifferent de quel sens on explique
Vne bonne action que ie rendray publique.

DOM DIEGVE.

Elle le sera trop ; mais pour la détourner
Ie sçauray malgré vous le remede donner.

HELENE.

Ioignez à Leonor toute la terre ensemble,
I'auray vostre Cousin.

DOM DIEGVE.

Dites, si bon me semble,
Ie vay chez Leonor, pour l'amener icy.

HELENE.

Vous enragerez bien tantost.

DOM DIEGVE.

Et vous aussi.

Il sort de l'Alcove.

FILIPIN, ou DOM PEDRE.

Ha ! le mauuais parent ! Madame, ie vous iure,
Si ie n'auois eu peur de vous faire vne iniure,
Que i'aurois fait sur luy notable irruption :
Mais i'en retrouueray bien-tost l'occasion.
Au prix de moy, Madame, vn lyon n'est qu'vn aze,
Quand ie suis en colere, vne antiperistase
Me trouble le dedans, la consanguinité
Fait la guerre en mon ame à sa méchanceté.
Si ie mangeois son cœur ie mordrois en la grape,
Madame, tenez-moy, de peur que ie n'échape.
Ne me retenir point, c'est me faire enrager,
Que sçait-on ? ie feray bien mieux de ne bouger.
Si ie l'allois trouuer, & qu'il fist resistance,
Le malheureux mourroit sans nulle repentance,
Comme mes premiers coups ne sont pas ieux
d'enfans,
Mais de ces orbes coups à tüer Elephans.

I'ay pourtant grand ſujet de me mettre en colere ;
C'eſt vne paſſion qui grandement m'altere.
Qu'on me preſſe en vn verre, vn, deux ou trois
    limons,
I'ayme la limonade, elle eſt bonne aux poulmons.
Ma chere ame!

HELENE.
Monſieur.

FILIPIN, ou DOM PEDRE.
         Nous allons faire nopce.

PAQVETTE.
Dom Iuan Bracamont, Dom Diegue, Mendoce
Amenent auec eux Madame Leonor.

FILIPIN, ou DOM PEDRE.
N'ont-ils point amené quelques autres encor?

PAQVETTE.
Ie ne le penſe pas.

FILIPIN, ou DOM PEDRE.
        Bien, que mon Couſin monte,
Copulatiuement ie m'en vais à ſa honte
Me joindre aux yeux de tous au treſor de beauté
Qu'il ne meritoit point, & que j'ay merité.
Paquette, approchez-vous, eſt-il preſt le Notaire?

PAQVETTE.
Ouy, Monſieur.

FILIPIN, ou DOM PEDRE.
        Acheuons viſtement cette affaire,
Ie ſuis grand amateur de la concluſion,
Et naturellement j'appete l'vnion.

SCENE IV.

LEONOR, HELENE, DOM DIEGVE, D. IVAN, FILIPIN, PAQVETTE.

LEONOR

IE vien me conjoüyr auec la belle Helene.

HELENE.

Ignorant le sujet qui chez moy vous amene,
Si c'est pour m'obliger, ou pour vous diuertir,
Ie ne sçay pas comment ie vous dois repartir;
De quelle façon donc voulez vous que j'en vse?

FILIPIN.

Qui rit à mes dépens, ie soûtien qu'il s'abuse,
Quatre cens mille fois, quelque chose de plus.

LEONOR.

Les éclaircissemens sont icy superflus.
Nous ne venons icy qu'à dessein de vous
    plaire,
Et de vous obliger.

FILIPIN, ou DOM PEDRE.

          Vous ne pouuez mieux faire

HELENE.

Ie n'attendois pas moins de vous, mais pour
    Monsieur?

LEONOR.

Vous le connoissez mieux que moy, c'est vn rieur
Qui dit d'vne façon, & qui pense de l'autre.

DOM DIEGVE.

Madame, vous ſçauez que ie fus toûjours voſtre,
Attribuez, de grace au ſenſible regret
De vous auoir perduë, vn diſcours indiſcret,
Dont ie viens à vos yeux me châtier moy-
    meſme,
En laiſſant voir aux miens rauir celle que j'ay-
    me:
Car ce n'eſt rien qu'vn rapt que l'Hymen inégal
De vous, & d'vn laquais, qui panſe mon cheual.

FILIPIN, ou DOM PEDRE.

Ha ! ne blaſphemons point.

HELENE.

              Vous eſtes fou, Mendoce.

DOM DIEGVE.

Vous eſtes folle, Helene, auec voſtre nopce.

HELENE.

Dom Pedre, endurez-vous ?

FILIPIN, ou DOM PEDRE.

                 Ie ſuis vn autre fou.
Qui le nie, a menty par ſa gorge, ou ſon cou.

HELENE.

Vous n'eſtes qu'vn laquais ?

FILIPIN, ou DOM PEDRE.

                Fort à voſtre ſeruice.

HELENE.

Quoy, me joüer ainſi ?

DOM DIEGVE.

             C'eſt vous faire juſtice.

HELENE.

Ha ! qui me vangera, peut eſperer de moy
Ce que ie ne puis donner.

FILIPIN, ou DOM PEDRE.

              Ce ne ſera pas moy.

HELENE *à Dom Diegue.*

Indigne de ton ordre, & du nom que tu portes,
Qui me viens outrager en tant, & tant de sortes,
Tu pretens te joüer auec impunité
D'vne femme d'honneur, & de ma qualité?

DOM DIEGVE.

Abboyez vostre sou, vous ne me pouuez mordre:
Vous vous estes causé vous mesme ce desordre,
Vous m'auez abusé par vn déguisement.
Celuy de mon laquais entrepris justement,
Au lieu de vous fâcher, doit plûtost vous instruire
Qu'il ne faut pas choisir tout ce qu'on void re-
                                        luire.   (aprend
Sçachez-moy donc bon gré d'vn tour qui vous
Qu'à tout esprit qui fourbe, à la fin on le rend:
Vous m'auez amusé de vos belles paroles,
Vous ne consideriez en moy que les pistoles,
La pauureté pour moy vous donna du mépris.
Parce que tous les chats durant la nuit sont gris,
A nostre Filipin vous vous estes soûmise,
Vous m'auez pris pour dupe, vn laquais vous a
                prise,
Le tour estoit bien lâche, & ie vous l'ay rendu;
Mais gagner vn laquais, ce n'est pas tout perdu.

HELENE.

Ha! ie me vangeray d'vne piece si rude.

DOM DIEGVE.

La vangeance n'est pas l'action d'vne prude.

HELENE.

Ha! Seigneur D. Iuan, de grace, vangez-moy:
C'est le prix où ie mets mon amour, & ma foy.

DOM IVAN.

Qui moy, vous épouser? vous, vne interessée
Que Mendoce a seruie, & puis apres laissée,

Parce qu'elle l'aymoit seulement pour le bien,
Qu'vn laquais a seruë, & prise en moins de rien.
Puis pour son pis aller, qui m'a pris, moy la
    cresme :   (ayme!
De la Cour de Madrid, moy que tout le monde
Madame, ie serois le plus sot des humains,
Ie ne veux point de vous, & vous baise les mains.

DOM DIEGVE.

Qui moy, vous épouser ? vous, vne interessée,
Chez qui le profit seul regne dans la pensée.
Qui m'auez preferé mon laquais trauesty,
Parce que vous croyiez prendre vn meilleur
    party ?
Ha ! ne vous flâtez plus d'vne fausse esperance,
Ie n'auray plus pour vous que de l'indifference.
Madame, ie serois le plus sot des humains,
Ie ne veux point de vous, & vous baise les
    mains.

FILIPIN.

Qui moy, vous épouser ? vous, vne interessée,
Que mon Maistre a seruie, & puis apres laissée;
Et qui me donneriez bien-tost du pied au cu,
Lors que vous me verriez estre sans quart-d'écu?
Nous autres Filipins auons trop de courage,
Guerissez vostre esprit, oubliez mon visage.
Madame, ie serois le plus sot des humains,
Ie ne veux point de vous, & vous baise les mains.

    Elle est dans vne chaise, vn mouchoir deuant
    les yeux, qui pleure.

HELENE.

Ie ne manqueray pas de parens en Espagne.

LEONOR.

Que vous auois-je dit des Tableaux de cam-
    pagne ?

Ne ſçauois-je pas bien qu'ils eſtoient ſouuent
faux?
(bleaux?
Et ne connois-je pas mieux que vous les Ta-

HELENE.

Ha ! c'eſt trop endurer, qu'on me meue en ma
chambre.

FILIPIN.

Qui vous appliqueroit de l'or ſur chaque mêbre,
C'eſt vn grand lenitif, & que vous aymez fort.

DOM DIEGVE.

Taiſez-vous, Filipin.

HELENE.

Ma vangeance ou ma mort
Me mettront en repos, deuant que le iour paſſe.
Elle s'en va.

DOM DIEGVE.

En attendant l'effet de ſi grande menace,
Madame, d'vn ſeul mot vous pouuez bien caſſer
Le rigoureux Arreſt qu'on vient de prononcer.

LEONOR.

Si voſtre droit eſt bon, ie vous feray juſtice,
Sur tout, n'vſez jamais enuers moy d'artifice :
Ne ſollicitez point d'autres iuges que moy,
Et ie me ſouuiendray de ce que ie vous doy.

DOM DIEGVE.

Mon ſort dépend de vous.

LEONOR.

N'en ſoyez point en peine;
Mais nous incommodons voſtre agreable He-
lene,
Allons dans mon logis, & là ie vous diray
Ce que ie croy de vous, & ce que i'en feray.

SCENE V.

BEATRIS, FILIPIN.

BEATRIS.

Filipin. .

FILIPIN.

Beatris.

BEATRIS.

Mon tout.

FILIPIN.

Mon cœur.

BEATRIS.

Mon ame.

Si tu voulois....

FILIPIN.

Et quoy?

BEATRIS.

Prendre...

FILIPIN.

Parle.

BEATRIS.

Vne femme.

FILIPIN.

La prendre ? à quel deſſein?

BEATRIS.

Pour Eſpouſe.

FILIPIN.

Ha ! ma foy,

Le conseil est fort bon, la connois-je?

BEATRIS.

C'est moy.

FILIPIN.

Vade, Vade, retro Satanas, qui me tente!
Mon front ne fut jamais vne Table d'attente;
Et ne portera point le mysterieux bois
Que personne ne voit, & qu'on croit toutes-
  fois.

Ie ne veux point auoir vn timbre de pecore,
Ie ne veux point de toy, redoutable Pandore!
Moy, te prendre, ha! vrayment, c'est moy qui
  serois pris,
Et pour qui me prens-tu, maudite Beatris?
Tu me crois aussi sot que Mendoce, mon Mai-
  stre:
Moy, j'aurois des enfans, & leur mere à repai-
  stre :
Si ie suis sans enfans on dira, c'est vn sot,
Et si i'en fais enfin, ou quelqu'autre marmot,
I'auray neuf mois durant vne femme ventruë,
Ie l'entendray hurler comme vn pourceau qu'on
  tuë.
Quand elle mettra bas cét enfant tout moüillé,
Non sans auoir long-temps en son ventre foüillé,
Vne sotte dira, c'est le portrait du pere,
Vn autre, il a les yeux, & le nez de la mere:
Puis il faudra baiser vn fils, qui sentira
Le ventre de sa mere, & ce ventre pûra.
Il me faudra souffrir vne sotte nourrice,
Vn enfant qui toûjours, ou crie, ou tette, ou
  pisse ;
Me releuer la nuit, pour le faire bercer,
Et cela tous les ans, c'est à recommencer.

moir tous les matins à prier quelque peine
De me voir bien-toſt veuf par vne mort ſou-
    daine.
Au lieu qu'ayant l'eſprit content & ſatisfait,
Le front comme d'abord le bon Dieu me l'a fait:
Ie vay, ie viens, ie dors, ie ris, ie boy, ie mange,
Ie fais ce que ie veux, ſans qu'on le trouue
    étrange;
La choſe eſt arreſtée, il n'y faut plus penſer.
Si mes yeux t'ont fait mal, va te faire panſer.
Il s'en veut aller, elle le retient.

BEATRIS.

Arreſte, Filipin, que ie te deſabuſe,
Moy, t'épouſer ? crois-tu que ie ſois aſſez buſe
Pour mettre à mes coſtez vn pareil Damoiſeau ?
Voyez le beau mary, voyez le bel oyſeau,
Moy, qui ſuis de galands iour & nuit recherchée,
De Bourgeois, Courtiſans, Prelats, & gens d'é-
                              (mis,
    pée,
Qui depuis quelques iours ſans quelques enne-
Aurois eu pour époux vn opulent Commis;
Qui viens de refuſer le Clerc ou Secretaire
D'vn riche Preſident : gros vilain, va te fairé
Cent fois plus honneſte homme, & lors j'aui-
    ſeray,
Par pitié ſeulement, ſi ie t'épouſeray.
I'ay receu depuis peu deux gros poulets d'vn
    Comte,
Vn Duc me couche en iouë, & j'en fais peu de
    conte,
Vn ieune Abbé qui n'eſt ny Preſtre ny demy,
S'offre de m'épouſer ou d'eſtre mon amy:
Il me fit l'autre iour don d'vne porcelaine;
Et ie t'épouſerois ? c'eſt ta fiévre quartaine.

FILIPIN.

Arreste, Beatris ; elle s'en va, ma foy,
Ie deuois bien auffi faire du quant à moy;
M'a-t'elle ainfi quitté par dépit ou par rufe ?
Foin, j'enrage d'auoir tout ce qu'on me refufe !
Mon Dieu, que l'on eft fot, alors que l'on eft
      beau :
Il faut que là-deffus ie luy faffe vn Rondeau.

F I N.

LETTRE
DE MONSIEVR
DE BALZAC
A MONSIEVR COSTAR,
fur les Oeuures de M^R
SCARRON.

MONSIEVR,

Le Liure que vous m'auez fait tenir de fa part
de Monfieur Scarron, eft vn prefent qui m'eft
bien cher, & que i'ay fujet d'eftimer bien fort.
D'abord, il m'a feruy de remede, & m'a foula-
gé d'vne oppreffion de rate qui m'alloit étouffer,
fans ce fecours venu à propos. I'efpere qu'il
fera dauantage, fi j'en vfe plus fouuent. Il fe
peut qu'il me guerira de mon chagrin ferieux,
& de ma trifte Philofophie : Peut-eftre que j'y
apprendray à rimer des Requeftes, & des Legeu-

des , & que ie deuiendray gay par contagion: Voila sans mentir vn admirable malade : Il a ie ne sçay quoy de meilleur que la santé ; Ie parle de la santé stupide & materielle ; car vous sçauez ce que les Arabes disent de la joye, que c'est la fleur & l'esprit de la santé viue & remüante. Puis que vous voulez sçauoir les differentes pensées que j'ay euës de ce Malade, & que vous m'en demandez vn chapitre ; Ie dis, Monsieur, que c'est l'homme du monde le plus dissimulé ou le plus constant. Ie dis qu'il porte témoignage contre la mollesse du genre humain, ou que la douleur le traitte plus doucement qu'elle ne traitte les autres hommes. Ie dis qu'il y a de l'apparence que le Bourreau flate le Patient. Ie dis qu'à le voir rire comme il fait, au milieu du mal, i'ay quelque opinion que le mal ne le pique pas, mais que seulement il le chatoüille. Ie dis enfin, que le Prometée, l'Hercule, & le Philoclete des Fables, sans parler du Iob de la verité, disent bien de grandes choses dans la violence de leurs tourmens, mais qu'ils n'en disent point de plaisantes ; que i'ay bien veu en plusieurs lieux de l'antiquité, des douleurs constantes, des douleurs modestes, voire des douleurs sages, & des douleurs éloquentes ; mais que ie n'en ay point veu de joyeuses que cette-cy ; mais qu'il ne s'estoit point encore trouué d'esprit qui sçeust dancer la sarabande & les matassins dans vn corps paralitique. Vn si beau prodige merite d'estre consideré par les Philosophes curieux: l'Histoire ne le doit pas oublier ; & s'il me prenoit fantaisie d'estre Historien, comme ie suis Historiographe, ie ne les conterois pas pour le plus petit miracle de noſtre temps, qui a produit de ſi grands miracles. Ce n'eſt point mon deſſein de diminuër la gloire des morts, auec leſquels meſme i'ay eu amitié : Mais il y a differens degrez de gloire, & quoy que la qualité d'Apoſtre ne ſoit pas vn tiltre peu conſiderable dans vne famille Chreſtienne, il faut auoüer que le martyre du fils eſt quelque choſe de plus rare que l'Apoſtolat du pere. Quels ſeroient là-deſſus les ſentimens de voſtre Seneque, qui a pris autresfois tant de plaiſir à traitter de ſemblables matieres, & qui en a cherché ſi ſouuent les occaſions ? N'eſt-il pas vray que la fiere & orgueilleuſe vertu, qu'il a tant loüée, & qui ſe vante d'eſtre à ſon aiſe dans le Taureau de Phalaris, & de pouuoit dire qu'il y fait bon, n'a eſté que la ſimple figure de cette vertu ſi douce & ſi humble, qui ſçait mettre en œuure les Paradoxes de l'autre, & ne ſe vante de rien ? Conclüons donc à l'honneur du MALADE DE LA REYNE, ou qu'il y a de l'extaſe & de la poſſeſſion en ſa maladie, & que l'ame fait ſes affaires à part, ſans eſtre mélée dans la matiere ; ou qu'il y a de la fermeté & de la vigueur extraordinaire, & que l'ame lutte contre le corps, auec tout l'auantage que le plus fort a ſur le plus foible.

Aut Cœleſte aliquid, Coſtardæ Aſtriſque propinquum,
Morbus hic eſt, ſuperoque trahit de lumine lucem,
Aut ſeruant immota ſuum Bona vera ſerenum,
Statque ſuper proprias virtus illæſa ruinas.
Poſt tot ſæcla igitur tandem gens Stoïca, Regem
Cerne tuum ! Faſces tenero ſubmittite vati
Sublimes tragicique Sophi, Zenonia proles ;

Nec pudeat decreta humili postponere socco
Grandia, & ampullas verborum & nomen honesti
Magnificum, ac veras audire in carmine voces.
Scarro æger, Scarro infando data prædæ dolori,
Non fatum crudele, Iouem non clamat iniquum;
Iratis parcit superis, sortique malignæ,
Et patitur sæuos inuicta mente dolores.
Iucundumque effert dira inter spicula vultum.
Nec simulata gerit personam indutus honestam,
Vel mista ridet, veluti Mezentius, ira,
Sed purum, sine fraude & laxis ridet habenis.
Dicunt iterum, neque sat semel est dixisse triumphos,
Qui læta, ingeniosa, ægro de pectore promit,
Qui ludit Deum, Enceladum, vastumque Tiphæa,
Terrigenasque alios, festiuo carmine, fratres;
Qui sedeat licet æternum, mirabile dictu,
Perpetuas agitat Pindi per amœna Choreas,
Proximus ille polo, Fortunaque altior omni,
Scarro meus, mihi namque tuum, Costarde, dedisti,
Magnus erit Rex ille sui, quem prisca coronet
Porticus, & rigidi vox imperiosa Cleanthæ,
Ni sæclo inuideat nostro rigidusque Cleanthes,
Priscaque Dis diuumque Patri, se Porticus æquans.

Ie ne sçay si la bigarure de ce chapitre vous plaira : Pour le moins ie ne veux pas que sa lon-
gueur vous déplaise. Ie vous donne le bon soir, &
suis, &c.

Extrait du Priuilege du Roy.

PAR grace & Priuilege du Roy donné à Paris le 10. iour de Iuin 1662. Signé par le Roy en son Conseil, GVITONNEAV : Il est permis à GVILLAVME DE LVYNE de faire réimprimer *Le Virgile Trauesty du S. Scarron*, augmenté du huitiéme Liure, *Le Romant Comique en deux volumes*, *Les deux volumes de ses Oeuures*, & imprimer tout ce qui reste à imprimer, contenant vn *Recüeil de Lettres*, deux Comedies intitulées *L'Illustre Corsaire*, & *les Fausses Apparences*, & plusieurs *Pieces tant en Vers qu'en Prose*, pendant le temps de sept années entieres & accomplies : Et deffences sont faites à tous autres d'imprimer aucune chose du contenu cy-dessus, en quelque maniere que ce soit, à peine de deux mil liures d'amende, & de tous dépens, dommages & interests, comme il est plus amplement porté par lesdites Lettres.

Acheué d'imprimer le dernier iour de Ianuier 1664.
A ROVEN, par L. MAVRRY.

Les Exemplaires ont esté fournis.

Regiſtré ſur le Liure de la Communauté des Libraires, ſuiuant l'Arreſt de la Cour du Parlement. Signé, DV BRAY, Syndic.

9 780201 216425